大学生体育助残志愿服务

中国残疾人体育运动管理中心　主编

北京体育大学出版社

责任编辑：吴海燕
责任校对：韩培付
版式设计：联众恒创

图书在版编目（CIP）数据

大学生体育助残志愿服务 / 中国残疾人体育运动管理中心主编. -- 北京 : 北京体育大学出版社, 2020.12（2023.7重印）
ISBN 978-7-5644-3370-3

Ⅰ. ①大… Ⅱ. ①中… Ⅲ. ①残疾人体育－大学生－志愿－社会服务－中国 Ⅳ. ①G812.49 ②D669.69

中国版本图书馆CIP数据核字（2020）第166458号

大学生体育助残志愿服务　　中国残疾人体育运动管理中心　主编

出版发行：北京体育大学出版社
地　　址：北京市海淀区农大南路 1 号院 2 号楼 2 层办公 B-212
邮　　编：100084
网　　址：http：//cbs.bsu.edu.cn
发 行 部：010-62989320
邮 购 部：北京体育大学出版社读者服务部 010-62989432
印　　刷：北京昌联印刷有限公司
开　　本：710mm × 1000mm　1/16
成品尺寸：170mm × 240mm
印　　张：13.5
字　　数：238 千字
版　　次：2020 年 12 月第 1 版
印　　次：2023 年 7 月第 2 次印刷
定　　价：40.00 元

前 言

《“健康中国 2030”规划纲要》和《全民健身计划（2016—2020 年）》的出台，以及中国残疾人联合会（简称中残联）和国家体育总局联合对《关于进一步加强残疾人康复健身体育工作的指导意见》的发布，表明国家将全方位、全周期维护和保障包括残疾人在内的全体人民健康。中国残疾人总数超过 8 500 万人，全面建成小康社会战略目标的实现必须重视残疾人群体健康。体育活动是残疾人获得健康的重要途径，而残疾人要获得高品质的体育健身服务，迫切需要专业的健身指导。高校承担着引导大学生养成健康人格，培养有担当、有爱心的积极公民的责任。在高校教育中，通过多种方式培养专业的体育助残志愿者，不仅能更好地诠释新时代志愿服务精神，还能促进社会和谐，为残疾人共享社会文明成果做出应有的贡献。

我国向来重视残疾人志愿服务的开展与推广，在历届志愿服务大赛中专设“阳光助残”项目并培育了一批优秀的志愿服务团队。由于残疾人群体的特殊性，在体育助残志愿服务中需要的支持和指导相对于面向健全人的服务，其专业性更强，更有针对性，但目前很多大学生志愿者在指导残疾人的过程中，常常面临服务技巧缺乏、服务内容盲目以及活动设计单调等方面的难题，尚未有适切的课程和系统、实用的教材来帮助他们。恰值《平等、参与、共享：新中国残疾人权益保障 70 年》白皮书颁布，本书正是基于这样的背景，试图从理论上搭建体育助残志愿服务的框架，并配合实际运用，来帮助大学生志愿者认识残疾人，建立正确的服务态度并掌握基本服务技巧，进而对不同类型体育助残志愿服务有所了解，同时，能丰富高校选修课程的内容，帮助高校青年志愿者社团培育优秀的助残志愿服务团队。本书对于社会助残机构和志愿服务人员，也有较好的借鉴和参考价值。本书适合普通高校开设体育助残志愿服务选修课程使用，也适合愿意投身体育助残志愿服务的所有人。

本书由中国残疾人体育运动管理中心组织编写，其完成有赖于全体作者的用心付出，福建省残疾人体育研究指导中心师生团队为本书的编撰付出了大量的心血。其中吴燕丹教授统筹框架，负责第三章和第六章的撰写并对全书进行审阅定稿；张韬磊博士负责第一章和第五章的撰写，并对全书的文字、结构做了几次修订；郑程浩博士撰写的第四章“体育助残志愿者心理调适与压力管理”，内容具有创新性；张盼博士撰写的第七章“残疾人体育活动实作”有很强的实操性；杨惠副教授撰写的第八章“突发事件应急处置与安全救护”，以及陈秋月老师撰写的第二章“残疾人基本特点及体育需求”，内容上都有作者长期的经验积累和观点创新。此外，适应体育方向研究生林博、陈荟、胡子航、陈静枭参与集体讨论并协助部分章节的整理，在此一并致谢。

本书在撰写过程中参考大量文献，在此谨向文献作者表示感谢。书中若有不当之处，敬请同人不吝赐教。希望本书的出版能给读者提供有益的参考。

目　录

第一章

融合共生，青春起航

本章导读：志愿者是不以物质报酬为目的，利用自己的时间、技能等资源，为社会和他人提供服务和帮助的人。在志愿服务活动中，我们尤其关注社会上有特殊需要的群体，而残疾人是比较庞大的有特殊需要的群体之一。参与适当的体育活动能够帮助残疾人获得身心健康，满足残疾人休闲娱乐的需求，但针对残疾人的专业的健身服务指导要求很高。本章将对残疾人体育志愿服务、志愿者以及志愿服务对大学生将来的职业生涯规划的影响进行介绍。读者通过本章可以熟悉这些概念，并将这些知识运用到实践中去。

第一节　助残志愿服务——传递青春正能量

一、志愿者

（一）志愿者概念

志愿者是健康社会的生命之血。——马克·布朗

“志愿者”（也称志愿人员、义工、志工）一词最早源于西方发达国家，其英文“volunteer”来源于拉丁文，含义为“希望，决心或渴望”。由于文化背景及界定视角的差异，不同国家、地区对志愿者有着不尽相同的定义。

联合国将其定义为：不以利益、金钱、扬名为目的，而是为了近邻乃至世界进行贡献活动者。

志愿者在西方较为普遍的定义是：在职业之外，不受私人利益或法律强制驱使，为改进社会、提供福利而付出努力的人们。

在我国，“志愿者”目前尚无确切的定义。大致有下面几种常见的志愿者定义：第一，不以物质报酬为目的，利用自己的时间、技能等资源，自愿为国家、社会和他人提供服务的人（《中国注册志愿者管理办法》）；第二，不为物质报酬，基于良知、信念和责任，自愿为社会和他人提供服务和帮助的人（中国青年志愿者协会）；第三，在香港、澳门，志愿者被称为义工，定义为在不为任何物质报酬的情况下，为改进社会而提供服务，贡献个人时间及精神的人；第四，在台湾，志愿工作者又称志工，其工作是指　种助人、具组织性及基于社会公益责任的参与行为。

从事志愿工作在当今已经被认为是谋求个人发展、提高专业技术、提高社会地位、融入新社团、增加社会资本、改变生活方式、感受生活乐趣、获得有偿工作经验和就业等的一种手段。从事志愿工作是一种能获得回报的投资。

（二）志愿者分类

志愿者所从事的工作众多，难以统一划分。

（1）志愿者一般分类：非注册和注册志愿者，专家型和非专家型志愿者，志愿组织成员和非志愿组织成员志愿者，NGO（非政府组织）志愿者、大学生志愿者、宗教团体志愿者、公司员工志愿者、政府员工志愿者、社区志愿者、家庭志愿者，等等。

（2）根据志愿者所从事服务进行分类：全职和兼职志愿者，行政性、专业性及辅助性志愿者，政策服务、直接服务、一般服务及方便服务志愿者，国内服务和海外服务志愿者，固定和临时志愿者，等等。

（三）志愿者的角色

海德里希提出了志愿者自己认定的四种角色。

1．领导者

海德里希认为志愿者有兴趣从事的领导岗位包括业务主管、理事、助理、项目负责人等，有许多年轻的人担任了志愿者领袖的职位，他们可能已经转到企业或其他领域发展，而志愿者经历是他们有益的经验。

2．直接服务

直接服务的优势在于直接接触目标群体，并从帮助对方并使其受益中获得成就感，如支教、居家陪伴、志愿为盲人读报等。

3．一般支持

进行一般支持的志愿者可能在某些项目中协助电话沟通、文书处理、跑腿、打扫卫生、维护环境等。

4．赞助会员

赞助会员愿意从外围提供方便性的服务，而不是从事持续性的经常服务。

中国志愿者誓词

我愿意成为一名光荣的志愿者。我承诺：尽己所能，不计报酬，帮助他人，服务社会，践行志愿精神，传播先进文化，为社会进步贡献力量！

二、志愿者的行为动机

（一）国内外学者的观点

1．国外学者的观点

斯坦福国际咨询研究所（SRI）的一项研究表明，志愿者的行为动机有三种：第一种，志愿者是被需求或生存所驱使；第二种，志愿者是为了追求外在的认同，即追随公认的价值理念，在从业中获得一种归属感或达到其他目标；第三种，志愿者是因为发自内心的需求，即为了追求人生的价值与目标而从事志愿活动，实践个人理念。

2．国内学者的观点

大部分国内学者认为，志愿者的行为动机有两种：一是内部回报，即由工作自身带来的满足感、成就感和接受挑战的感觉；二是外部回报，即组织给予志愿人员的利益。一些台湾学者认为，志愿者参与义务活动的动机可以分为三类：第一类是自我取向，参与者着重个人学习与成长，获取个人内在的满足感，依个人感受来决定是否参与；第二类是人际取向，参与者重视他人和团体的影响，他们的目的是结识朋友，获得他人的肯定；第三类是情境取向，他们的参与是为了响应社会责任，并获得社会的认可。

综上所述，志愿者的行为动机是复杂的。有的是为了获得更好的受薪职位，有的是希望获得一点工作经验，有的是为了社会发展，有的是为了通过志愿服务结识更多的人，有的是所受教育或天性使然，有的是希望获得个人成长或外部的承认，等等。

（二）志愿者的行为动机

参与心理是志愿者共同的行为动机，本书认同的志愿者行为动机大致有以下几点。

（1）回应社会需要；

（2）参与改善社会问题；

（3）尽公民的责任，回报社会；

（4）希望发挥自己所长；

（5）感受自己存在的价值；

（6）学习新的技能；

（7）善用业余空闲时间；

（8）拓宽社交圈子；

（9）取得他人的认可和赞许以及在群体中的位置；

（10）丰富经验，自我成长；

（11）培养组织能力及领导才能；

（12）寻求新刺激及增加阅历；

（13）为未来工作做准备；

（14）感觉义务工作有意义；

（15）赶潮流，追时尚；

（16）出于对志愿服务的好奇心。

三、志愿者的权利与义务

一般来说，每个社会公民都有最基本的权利与义务。就志愿者而言，尽管是出于自觉自愿，但为了保证志愿服务取得良好的社会效益，社会志愿组织也始终关注志愿者的切身权益。社会组织赋予志愿者一定的权利与义务，保证他们在开展工作时能够有独立自主的权利，同时也赋予他们一定的义务，让他们在开展工作时必须尽职尽责。本书收集整理了国内众多志愿者组织赋予志愿者的权利与义务，归纳总结出志愿者应有的权利和义务如下。

（一）志愿者的权利

（1）与其他成员平等共事的权利；

（2）按照需要被适当地分配工作的权利；

（3）尽量全面地认识和了解有关政策、组织的权利；

（4）在工作中接受专业培训或接受必要的长期教育的权利；

（5）在岗位确定之前表达工作岗位意愿的权利；

（6）对其工作表现获得正常评估及表彰的权利；

（7）接受指导和领导的权利；

（8）拥有晋升的机会和权利；

（9）提出意见和建议的机会和权利；

（10）被组织赋予一定地位的权利；

（11）必要时接受便于使用资金的权利；

（12）获得必要工作保障和报酬的权利；

（13）入会、退会自由的权利；

（14）保障志愿者组织和志愿者双方的基本权利；

（15）要求组织与志愿者签订志愿服务协议的权利。

（二）志愿者的义务

（1）遵守国家法律法规的义务；

（2）遵守组织的规章制度和原则，忠于所服务的组织的义务；

（3）在群体面前维护组织的尊严和信誉的义务；

（4）保质保量按时完成自己承诺任务的义务；

（5）接受组织有关负责人的领导、指导和工作安排的义务；

（6）学习并参与相应的培训和考核，参加有关项目讨论和会议的义务；

（7）和一般员工沟通，了解他们的工作，与他们建立平等关系的义务；

（8）自觉维护志愿者形象的义务；

（9）真诚地提供服务，相信所从事工作的价值的义务；

（10）按照与志愿组织约定的时间开展工作的义务；

（11）保守秘密的义务。

（三）如何看待志愿者的权利

随着志愿者参与活动的增多和其作用的凸显，志愿者这个共同的名字日益为公众所熟悉和认可。中国目前尚无志愿者方面的全国性立法，相继出台的地方性法规中有关志愿者的内容有：规范志愿者、志愿服务及志愿服务组织，明确对志愿服务的鼓励和支持政策，例如对于积极参与志愿服务并取得显著成绩的志愿者予以表彰和奖励等。毋庸置疑，这些法规为志愿服务的健康发展提供了法律依据。但遗憾的是，这些法规对于志愿者权利的规定不明确，往往采用程序化和口号性的语言，较粗略和笼统或将志愿者所享有的不同层次的权利混为一谈，在同一条文中进行简单罗列，不利于志愿者权利受损时的救济。因此，有必要澄清和重申志愿者的权利。

志愿者的权利主要有两个层次：第一层次，志愿者基于志愿服务所享有的权利；第二层次，志愿者作为志愿服务组织成员所享有的权利。

第一层次的权利要考虑到志愿服务本身的特殊性，即无偿服务。需要澄清的是，志愿服务的无偿性意味着志愿者不享有报酬请求权，即志愿者不能够要求志愿服务组织或者志愿服务对象因其提供了志愿服务而支付报酬，但这并非意味着志愿者不享有任何物质权利。具体而言，志愿者可以享有费用返还请求权，例如在志愿服务中，可以享有午餐和交通费用方面的补助。除此之外，为了志愿者能够安全、有效地提供志愿服务，志愿者还应该享有以下权利：①获得与志愿服务活动相关信息的权利，这一权利是为了确保志愿者对于其所服务区域和接受服务对象的必要信息的知情权，例如所服务区域的民风民俗或者所存在的某种危险，服务对象是否有特殊需求或者禁忌，等等，以便提供志愿服务；②接受培训的权利，志愿者有权接受与志愿服务有关的知识和技能培训，这与志愿者提供志愿服务的能力密切相关，同时也是志愿者参与志愿活动提高和完善自身的要求；③获得参加志愿服务活动必要的物质保障和安全保障的权利；④获得志愿服务组织或者志愿服务对象为其购买保险的权利，保险的种类包括意外险和责任险。志愿者的上述权利首先体现在相关立法中，同时需要在志愿服务协议中予以明确。

第二层次的权利是志愿者基于志愿服务组织成员的身份而获得的权利。在实践中，志愿者往往加入某志愿服务协会，成为其成员。志愿服务协会是依法成立的、从事志愿服务的公益性的社会团体。志愿者作为其成员，一般享有以下权利：参加志愿服务组织的志愿服务活动；行使选举权和被选举权；对志愿服务组织的工作进行监督，提出建议、批评和意见；退出志愿服务组织。这些权利的基础不仅基于法律法规的规定，更基于志愿服务组织章程的规定。如果志愿者的这些权利受到侵害，往往需要根据章程规定得到救济。

另外，还有一种特殊权利，是志愿者所获得的来自政府与社会的认同和奖励的权利。政府往往会采取奖励、扶持等政策来鼓励民众投身志愿服务。具体权利包括：志愿者自身有志愿服务需求时优先获得志愿服务，表现优秀的志愿者可以获得精神奖励和物质奖励，服务达到一定时间的志愿者在升学、就业等方面享有一定的优惠，等等。对于这一类权利的保障则不属于私法意义上的权利救济，而应该借助于行政法的相关规定。

目前志愿服务蔚然成风，志愿者也已成为一道亮丽的风景线。但是，如果我们因为志愿者抱有自愿、无偿、无求的心态就予取予求，于一时一地可，于长久难。所以，认真对待志愿者的权利，既是善待志愿者，又是善待所有因志愿服务而受益或即将受益的公众，更是善待我们的社会和未来。

四、大学生志愿者与体育助残志愿服务

（一）全人发展视野下的大学生体育助残志愿服务

1．全人发展思潮下的青少年志愿服务现状

全人发展关注每个人的智力、情感、社会性、艺术性、创造性和潜力的全面挖掘，青少年参与志愿服务就是对全人发展内涵的最好诠释。近年，我国出台了相关政策，为青少年学生参与志愿服务、承担公民责任提供了重要的平台。2014 年，教育部与共青团中央联合颁布的《关于在各级各类学校推动培育和践行社会主义核心价值观长效机制建设的意见》明确提出，要建立健全学生志愿服务工作体系、评价体系和保障体系，推动学雷锋志愿服务常态化。2016 年 12 月，中宣部等七部门联合颁布的《关于公共文化设施开展学雷锋志愿服务的实施意见》，也倡导青少年学生参加力所能及的志愿服务，培养志愿服务意识，提高社会实践能力，增强社会责任感。由此可见，通过志愿服务培养青少年的公民意识已成为社会共识。少年强则国强，青少年学生核心素养教育是不容忽视的大问题，而这种教育，不能单靠学校课程养成，需要家庭、社会、学校的合力。如何让未来的国之栋梁在每一个学段培养起适应社会发展和个人发展的关键品格，成为有责任、有担当的优秀公民，如何让家庭、学校和社区能够最大限度地提供支持，为青少年的成长和发展共同打造积极健康的生态系统，这些问题是当前志愿服务研究领域必须着力思考并认真设计的大课题。

2018 年 12 月，中国社会科学院社会学研究所发布了中国志愿服务参与状况调查成果。从调查结果中可以看出，我国志愿服务社会参与已有

较好的基础，志愿者队伍形成一定规模，是建设健康中国不可或缺的有生力量。但报告同时也指出，我国志愿服务参与存在不平衡现象，供给与需求仍存在巨大差距，而且需要注意到的是，该调查报告面向的人群是 18 ~ 69 岁成年人，缺少对中国基础教育学段的志愿服务统计分析。但从《中国志愿服务发展报告》（2017）的统计数据中发现，注册志愿者以 14 ~ 35 岁人群最多，达到 17 726 370 人，说明青少年志愿服务培育领域有巨大的前景。无独有偶，联合国志愿服务组织也出台了一份《2018 年世界志愿服务状况报告》，在该报告中高度肯定志愿者的作用，志愿服务被誉为在2030年议程下实现可持续发展目标的关键资源和跨领域实施手段。其中，一个非常重要的观点是，政府和利益相关者可以通过两种方式加强志愿服务对韧性社区建设的作用：第一，为有效的志愿服务建立一个生态系统；第二，将伙伴关系建立在进一步认可社区自身贡献的价值基础上。这就给我们一个重要的启示，在青少年的成长过程中，学校是一个非常重要的阵地，应充分利用学校资源，家庭、社区共同协作，在不同学段嵌入适合青少年身心特点的志愿服务课程，帮助他们提升文化内涵与能力素质，使之到成年阶段能成为堪当民族复兴大任的时代新人。

2．大学生体育助残志愿服务助力健康中国

《“健康中国 2030”规划纲要》提到要加强重点人群的健康服务，重点提出维护残疾人健康。全国有超过 8 500 万残疾人口，但每年参与体育锻炼的残疾人数仅为总数的 9.6%。残疾人享有维护健康与参与体育锻炼的权利，但仍有大部分残疾人无法参与体育锻炼。有学者经调查指出，残疾人体育活动参与率较低，其主要原因为缺乏适合的项目、活动场所及设施的利用率较低和组织指导不完善。为此，国务院颁布《残疾预防和残疾人康复条例》，国家鼓励和支持高校、职业学校设置残疾预防和康复专业，培养专业技术人员。截至 2017 年，我国累计培养 7 万余名残疾人健身指导员，可其数量仍与庞大的残疾人口数量极度不匹配。如何培养更多残疾人健身指导员，设计更多适宜的残疾人体育项目，仍然是残疾人体育参与的问题所在。

近年来，我国志愿服务组织借助良好的环境蓬勃发展。《志愿服务条例》颁布，号召更多人参与志愿服务，建设志愿服务组织，并对志愿服务组织提出了更高的要求。截至 2016 年底，在中国志愿服务信息网注册的志愿服务组织数量已有 287 619 个。有数据显示，68.85% 的志愿服务组织都从事助残服务，通过体育锻炼帮助残疾人的志愿服务组织也数不胜数。体育助残志愿服务是帮助残疾人提高体育参与度的重要途径。体育助残志愿服务组织和专业体育助残志愿者的出现，既可以弥补残疾人体育指导人员的匮乏，加强残疾人体育项目的开发，建立残疾人参与体育的无障碍平台，又可以响应如今志愿服务组织化、项目化、专业化的发展趋势，促进社会融合、和谐、稳定发展。

仅仅依靠政府主体的孤军之力显然难以满足残疾人日益增长的多元文化服务需求，志愿服务恰恰可以补足政府与社会之间的缝隙。高校是志愿服务的摇篮，体育专业大学生更是潜在的专业体育助残的生力军。因此，培育和发展高校专业体育助残志愿服务组织，成为残疾人体育参与的极为重要的新通道。

大学生是推动社会进步的栋梁之材，在当今志愿服务百花齐放的时代，志愿服务成为大学生生活的一部分，同时也有越来越多的大学生将志愿服务视为回馈和造福社会的一种新的方式。当前志愿服务的项目化促进体育助残志愿服务的新模式的发展，极具特色的志愿服务项目将会成为引领志愿服务的风向标，而体育助残志愿服务也会朝着专业的方向发展，体育院校参与体育助残志愿服务培训能够提升志愿服务队伍的专业性，并且提供优质的志愿者，朝着志愿服务品牌发展道路前行。

（二）体育助残志愿服务培育大学生公民意识

1. 志愿精神与公民意识有天然契合性

公民意识是指公民个人对自己在国家中地位的自我认识，是爱国主义的重要体现；它具体表现为公民对传统历史文化的认可，对法治规范和公序良俗的尊崇，对社会公益的追求与守护，与他人合作团结的意识，以及对社会公共事务的责任感等。志愿精神作为现代社会成员新的精神能量，能将不同社会群体中具有同样精神的个体凝聚在一起，促进社会不同阶层的交流与相互了解，进而有利于消弭社会分歧，增进社会凝聚力和认同感，并能培养志愿者的共同体意识，激发其参与公共事务的义务感和责任感。两者有天然契合性。

2．体育助残志愿服务是大学生公民意识培育的重要途径

高校开展体育助残志愿服务，可以搭建助残志愿服务平台，践行助残志愿服务，传播志愿服务精神，从而拓展人文素质教育。高校文化软实力具有精神的感召力、思想的凝聚力、生源的吸引力、社会的影响力与心理的驱动力，体现的是一种大学精神。高校开展形式多样、内容丰富的体育助残志愿服务活动，有助于提升高校的人文素质，宣扬扶弱助残的传统美德，培育特色文化，凝聚高校感召力、社会影响力，增强高校文化软实力。这种潜移默化的熏陶，可培养大学生对弱势群体的关怀，增强其社会责任感。

3．体育助残志愿服务是帮助大学生成为优秀公民的重要途径

体育助残志愿服务将助残志愿服务与爱国主义、公民责任等联系在一起，可帮助大学生成为优秀公民。大学生志愿者在扶弱助残中，会产生心忧天下的责任感；在与同伴合作共事中懂得友爱互助；在受助者感激的目光中感受到“赠人玫瑰，手留余香”的喜悦，体会到尊重与信任的意义；在误解与挫折中，学会宽容和忍耐；在面对突发状况时，学会临危不乱的应急处置能力。可见，体育助残志愿服务作为一种专业性很强的道德实践形式，能够大大提高道德教育的实效性。

第二节　认识、理解残疾人

一、残疾定义的演变

（一）残疾的历史演变

有人类就有残疾，但有些人对残疾却一直存在根深蒂固的偏见和歧视，致使许多残疾人及其家庭背负着巨大的社会压力。

在第二次世界大战中合计死伤约 1.9 亿人。受伤人员中相当一部分成了残疾人，各国政府采取各种医疗措施、康复手段解决二战伤残士兵康复问题。许多国家和社会以慈善方法、医疗方法帮助残疾人克服生活困难。

此后，在助残领域的重大里程碑事件如下：

1975 年，联合国大会通过了《残疾人权利宣言》。

1982 年，联合国大会通过了《关于残疾人的世界行动纲领》，为实施该纲领，联合国宣布 1983—1992 年为“联合国残疾人十年”。

1992 年，联合国宣布每年的 12 月 3 日为国际残疾人日。

1993 年，联合国大会通过了《残疾人机会均等标准规则》。

1975 年，英国肢体损伤者反隔离组织联盟提出主张：“在我们看来，正是社会造成了肢体损伤人士的残疾。残疾是以我们不必要地被孤立、被排斥在全面参与社会之外的方式强加于我们的损伤之上的一种东西。”

1983 年，英国学者迈克・奥利弗创造了“残疾社会模式”。

1980 年，世界卫生组织发布了《国际损伤、残疾和残障分类》，2001 年修改为《国际功能、残疾和健康分类》（ICF）。

2006 年，联合国大会通过了《残疾人权利公约》（CRPD）。

（二）关于残疾的定义

全世界大约有 15% 的人口是残疾人，他们是世界上最大的少数群体。残疾有多种定义且颇具争议性，不同时期、不同国家对残疾人的定义及分类都不相同。

1．世界卫生组织《国际功能、残疾和健康分类》（ICF，2001）中的定义

残疾是损伤、活动受限和参与限制的总称，是指有某种健康情况的个体与其所处的情景性因素（环境和个人因素）之间交互作用的消极方面。

损伤：身体功能或结构缺损或异常（明显偏离或丧失）。

活动受限：从事活动的问题和困难，如无法步行或进食。

参与限制：全方位参与社会生活上的困难，如在就业或交通上面临歧视。

健康情况：身体结构或生理机能异常、损伤或创伤的统称。

情景性因素：构成个体生存背景的全部外界要素，包括环境和个人因素。

2．《残疾人权利公约》中残疾、残疾人的定义

“残疾”是一个总括性术语，涵盖几个术语：“损伤”“活动受限”和“参与限制”。

残疾是一个演变中的概念，残疾是身体有损伤的人和阻碍他们在与其他人平等的基础上充分和切实地参与社会的各种态度和环境障碍相互作用所产生的结果。

残疾人包括肢体、精神、智力或感官有长期损伤的人，这些损伤与各种障碍相互作用，可能阻碍残疾人在与他人平等的基础上充分和切实地参与社会。

3．《中华人民共和国残疾人保障法》中残疾人的定义

残疾人是指在心理、生理、人体结构上，某种组织、功能丧失或者不正常，全部或者部分丧失以正常方式从事某种活动能力的人。

（三）时代变迁下的“残疾”语境变化

1．《残疾人权利公约》中残疾的定义

《残疾人权利公约》序言指出，残疾是一个不断演变的概念，正是那些外部环境和体现在这些环境里的建筑（产品和服务等）上的态度在创造“残疾（功能障碍）”方面发挥着核心作用。①残疾是演变中的概念，残疾的概念不是僵化的，可以适应特定社会的主导环境；②残疾不是医疗问题，而是损伤者与其周围环境之间的相互作用；③《残疾人权利公约》包含所有类别的残疾（功能障碍）；④残疾的定义是对障碍进行分类而不是对人类本身进行分类。重要的是，残疾的定义反映了残疾的社会模式，在这种模式中，残疾人面临的挑战是根据现有的障碍来衡量的，而不是

根据残疾的类别或占比来衡量的。

2．“残疾”与“障碍”的语词互用

《残疾人权利公约》认为，一个人所处的环境中有一些因素，这些因素的缺席或存在，限制了其功能发挥，造成其功能障碍（残疾）。这些因素包括以下方面无法获得和使用（进入）的物质环境，缺乏相关的辅助技术（辅助、适应和康复装置），人们对功能障碍（残疾）的消极态度，不存在的或者是在所有生活领域阻碍有健康状况的人参与的服务、系统和政策。通常生活中总会存在多种障碍，使得功能障碍人士（残疾人士）很难，甚至根本不可能发挥作用。

七种常见障碍：态度、沟通、物理、政策、程序、社会、交通。

二、认识残疾人

（一）残疾人

全世界残疾人数量超过 10 亿，占总人口数的 15%（《世界残疾报告》，2011 年）。80% 的残疾人居住在发展中国家。其中有 1.1 亿至 1.9 亿成年残疾人有显著的功能性障碍。全球约有 9 300 万儿童，每 20 个 15 岁以下儿童中就有 1 个患有中等或重度残疾。中国有 8 500 多万残疾人，占总人口数的 6.34%。残疾人士构成了世界上最大和最弱势的少数群体。

预期平均寿命超过 70 岁的国家，平均每人有 8 年（约 11.5%）的生命是在残疾状态下度过的（包括先天损伤和后天造成的）。

（二）残疾分类

《残疾人权利公约》并未对残疾做分类，但将损伤分为肢体损伤、感官损伤、精神损伤和智力损伤四大类，这些损伤可能造成在这四方面的残疾（功能障碍）。目前国际上比较常用的是世界卫生组织的《国际疾病分类》（ICD）和《国际功能、残疾和健康分类》（ICF），ICF 将主要的功能障碍（残疾）模式——医学模式和社会模式整合为一个统一的“生物 – 心理 – 社会综合体”。它承认环境因素在造成功能障碍（残疾）上的作用，以及健康情况在其中的作用。功能执行和功能障碍（残疾）被理解为从生物学、个人和社会视角表示功能执行的积极和消极方面的总括术语。

我国的国家标准将残疾人分成七大类，基本与 ICF 框架的残疾类型对应。（表 1–1）

表 1–1 国家标准《残疾人残疾分类和分级》（GB/T 26341—2010）简介

残疾分类	一级（极重度）	二级（重度）	三级（中度）	四级（轻度）
视力残疾	无光感 ~ <0.02；或视野半径小于 5°	0.02 ~ <0.05；或视野半径小于 10°	0.05 ~ <0.1	0.1 ~ <0.3
听力残疾	较好耳平均听力损失 >90dB HL	较好耳平均听力损失在 81 ~ 90dB HL	较好耳平均听力损失在 61 ~ 80dB HL	较好耳平均听力损失在 41 ~ 60dB HL
言语残疾	无任何言语功能或语音清晰度 ≤ 10%	语音清晰度在 11% ~ 25%	语音清晰度在 26% ~ 45%	语音清晰度在 46% ~ 65%
肢体残疾	肢体残疾情形较为复杂，详见国标相关章节			
智力残疾	按 0 ~ 6 岁和 7 岁以上两个年龄段发育商、智商和适应行为分级。0 ~ 6 岁儿童发育商小于 72 的直接按发育商分级，发育商在 72 ~ 75 之间的按适应行为分级。7 岁及以上按智商、适应行为分级；当两者的分值不在同一级时，按适应行为分级。WHO–DAS Ⅱ值反映的是 18 岁及以上各级智力残疾的活动与参与情况			
精神残疾	WHO–DAS Ⅱ 值 ≥ 116 分	WHO–DAS Ⅱ 值 106 ~ 115 分	WHO–DAS Ⅱ 值 96 ~ 105 分	WHO–DAS Ⅱ 值 52 ~ 95 分
多重残疾	按所属残疾中残疾程度最重类别的分级确定其残疾等级			

三、理解残疾人

（一）参与体育活动是残疾人的权利

1．《残疾人权利公约》对残疾人体育权利的阐述

《残疾人权利公约》第三十条第五款确立了残疾人体育的法律地位：

五、为了使残疾人能够在与其他人平等的基础上参加娱乐、休闲和体育活动，缔约国应当采取适当措施，以便：

（一）鼓励和促进残疾人尽可能充分地参加各级主流体育活动；

（二）确保残疾人有机会组织、发展和参加残疾人专项体育、娱乐活动，并为此鼓励在与其他人平等的基础上提供适当指导、训练和资源；

（三）确保残疾人可以使用体育、娱乐和旅游场所；

（四）确保残疾儿童享有与其他儿童一样的平等机会参加游戏、娱乐和休闲以及体育活动，包括在学校系统参加这类活动；

（五）确保残疾人可以获得娱乐、旅游、休闲和体育活动的组织人提供的服务。

《残疾人权利公约》承认体育、娱乐、休闲和游戏玩耍的权利是一种社会化权利，突破了以前的做法，代表着社会人权构成的重要发展，是对社会人权发展的重要贡献。

2.《中华人民共和国残疾人保障法》关于残疾人体育权利的规定

《中华人民共和国残疾人保障法》第五章“文化生活”有如下规定：

第四十一条　国家保障残疾人享有平等参与文化生活的权利。

各级人民政府和有关部门鼓励、帮助残疾人参加各种文化、体育、娱乐活动，积极创造条件，丰富残疾人精神文化生活。

第四十二条　残疾人文化、体育、娱乐活动应当面向基层，融于社会公共文化生活，适应各类残疾人的不同特点和需要，使残疾人广泛参与。

第四十三条　政府和社会采取下列措施，丰富残疾人的精神文化生活：

…………

（四）组织和扶持残疾人开展群众性文化、体育、娱乐活动，举办特殊艺术演出和残疾人体育运动会，参加国际性比赛和交流；

（五）文化、体育、娱乐和其他公共活动场所，为残疾人提供方便和照顾。有计划地兴办残疾人活动场所。

3.国家和政府对残疾人体育参与出台系列保障措施

2007年《国务院办公厅关于进一步加强残疾人体育工作的意见》明确：①建立健全残疾人体育组织；②开发、推广适合残疾人特点的健身康复体育项目；③指导、支持各类企事业单位组织残疾人开展体育活动；④各级各类学校要组织残疾学生开展适合其特点的日常体育活动；⑤高度重视农村残疾人体育工作；⑥发挥残疾人体育赛事对残疾人群众体育活动的推动作用；⑦新建、改造公共体育设施要严格执行国家无障碍标准，全民健身设施、器材要考虑残疾人特殊需求。

2016年《“十三五”加快残疾人小康进程规划纲要》强调实施残疾预防和残疾人康复、教育、文化体育、无障碍环境建设等基本公共服务项目。

2017年《“十三五”推进基本公共服务均等化规划》规定加强残疾人健康管理和社区康复，推动公共文化体育场所设施免费或优惠向残疾人开放。

2002 年，共青团中央、中残联共同启动实施“百万青年志愿者助残行动”，动员了数百万青年志愿者通过“一助一”“多助一”等形式，帮助残疾人解决实际困难。从共青团中央和中残联联合推出“阳光行动”优秀助残项目评选活动以来，近年涌现出不少优秀的体育助残志愿服务队伍。

（二）残疾人体育的价值和意义

1．促进身体健康，增强体质

残疾人参与体育活动对他们的健康和福祉至关重要。与特定类型残疾有关的许多治疗方案已经包括有体育活动，这些体育活动有助于减轻残疾的疼痛、压力或抑郁。

2．促进残疾人的个人发展

有证据表明，体育活动增强了残疾人的自信和自尊，促进了残疾人的个人发展。参与体育活动有可能是一条增强残疾人权能的途径，促进积极的身份认同和群体认同，增强自尊，为目标导向的工作提供一个学习场所。

3．促进社会融合

体育活动意味着社会交往，与其他人一起参加体育活动对增强残疾人的个人赋权和社会包容都非常有益。体育活动是社会动员和社会凝聚力的有效工具。联合国报告认为，体育能以两种方式来改善残疾人的融入和福祉：一是改变社区对残疾人的思维和感受，二是改变残疾人对自身的思维和感受。

（三）残疾人参与体育活动需要广泛的社会支持

全面建设小康社会，除了物质生活水平提高外，还要特别注重人们的精神生活、所享受的民主权利，以及生活环境的改善等方面，实现社会的全面进步。因此，如何保障残疾人参与体育活动，已成为一个重要且不可回避的课题。参加体育活动是残疾人康复健身、融入社会、实现自身价值的重要途径。残疾人参与的体育活动，很大程度上并不是自己“一个人的战斗”，而是呈现集群性、融合性、共享性的，具有明显的社会化特质，所以，残疾人的体育参与离不开社会的大力支持。其中，以专业服务人才的需求最为迫切。残疾人因其残疾类型的多样性、特殊性和复杂性，决定了残疾人的体育参与需要特殊化、多样化和专业化的残疾人社会体育指导员。而高校体育专业学生因其专业优势和资源优势，经过理论学习和实践，将是残疾人体育指导的一个重要力量。

第三节　适应体育理论框架下的残疾人体育

一、适应体育的概念解读

适应体育是指有特殊需要的人为了达到个体与环境的最佳适应状态而进行的身体活动。它是一个应用广泛的，包括跨学科领域的专门知识和技术术语，涵盖体育教育、休闲娱乐、舞蹈、运动以及受损个体的适应和修复。适应体育的概念的内涵、外延和主要特征解析如下。

（1）适应体育是体育实践活动领域的一个分支。

（2）以从事体育活动的对象为分类标准，可分为从事体育活动的普通人群和从事体育活动的有特殊适应需要的人群两大类。

（3）按照人们从事体育活动的不同形态，残疾人进行的身体活动也可分为适应竞技体育、适应学校体育和适应群众体育三种形态。

（4）适应体育所涉及的范畴相比残疾人体育、特殊体育更为广泛，不仅包括三种形态的身体活动，还强调了涵盖人的整个生命历程。

（5）适应体育强调个体与环境的互动，其最主要目的是改善心理动作以达成个人成就目标和自我实现。

根据残疾人体育本身的特点，适应体育通过多种体育手段，端正残疾人对体育的态度，最大限度地矫正和补偿残疾人的身心缺陷，以恢复、保持和提高他们的生活、学习和工作的能力，让他们成为社会大家庭中平等的一员，使他们更好地融入社会。

二、适应体育的基本理念

适应体育理念是一种态度，一种指导残疾人或健全人，针对他们的学习经验，配合其特殊需求，协助其追求成功的态度。在适应体育中所强调的态度是接纳个别差异，并且乐于助人，通过运动指导他人达成自我实现。

适应体育是一种改善心理运动问题的服务体系，此体系包含了在教室、学校、机构及社区中，提供各种不同服务给不同需求的人。在适应体育的PAP-TE-CA模式中，强调倡导、资源统整与咨询，是一种伞状服务，确保做到通过体育活动，向能力不同的人提供公平的机会，追求自我实现。

（一）回归主流——关注人的平等权利

回归主流运动始于20世纪70年代，它改变了传统的隔离式特殊教育安置方式。随着重视人权的历史潮流变革，身心障碍儿童开始受到关注。尤其是美国在1975年通过了《残疾儿童教育法案》（著名的94-142公法），使回归主流运动达到巅峰。所谓回归主流运动，是对身心障碍学生返回教育主流体系的一种改革运动，其主要精神在于反对隔离，避免标记，并安排正常化的学习环境。在20世纪80年代，研究关注的还是将身心障碍学生安置于普通班级的回归主流模式是否可行；到了1990年以后，研究主题已经开始关注如何设计回归主流计划，以增加一般教师和学生对身心障碍学生的接纳度。而目前提倡的融合教育，从政策层面到具体实施都为残疾学生融入社会创造了良好的生态，普通学校开始更多地接纳残疾学生并在课程设计、无障碍环境方面做出了努力。

（二）最少限制环境——满足身心障碍人群特殊需求

回归主流的基本条件是残疾人的基本需求能够得到保障，同时，学校或社区应有充分的资源与相关服务来保障残疾人的需求。具体而言，此理念是向不同类型的残疾人提供最适当的体育参与环境，亦即无障碍且安全的环境，让残疾人能够发挥其最大的身心潜能，达到最好的体育活动效能。

最少限制包括两个方面：一是提供符合残疾人个人能力特点的服务，二是尽可能给予残疾人最大自由度。

此理念的理想是：各学科、领域均提供一系列安置选择机会，而且安置是根据残疾人能理解的测验结果，以及家人和专业人员共同决定的。

（三）融合教育——改善心理动作问题

心理动作问题是指当个体和环境互动时产生特殊限制及障碍，因而导致无法达成预期目标与自我实现。因此，若将身心障碍学生安置于隔离式特殊教育学校或机构均会限制学生的学习能力，甚至影响其达成自我实现的个人愿望。让大部分学生回归普通班就读，并认为教师应提供适应教学的环境，是越来越普遍的现象。而适应体育即根据这样的精神与理念来造福每位身心障碍人士。

融合体育是一步一步的过程，以残疾人的需求及兴趣为基础，为各类残疾人提供一系列的活动与支持。其中特别强调四个原则。

（1）必要时对活动加以修改以适应个别化。

（2）内容设计应从能力考量，但也应具挑战性。

（3）只有在残疾人需要时才提供协助。

（4）尊重残疾人的冒险精神及提供适当的选择机会。

（四）辅助科技——适应所有人的运动需求

传统的体育训练，包括教学方法、课程、教材及教具使用，对于残疾人的适应体育而言，皆需加以改进，以一种符合特殊教育理念的推陈出新方式，才能更具时代性与普适性。辅助科技以科技辅具与辅助科技服务之运用来帮助学生学习。对于身心障碍者的运动推广，必须结合体育活动器材的改进。例如：轮椅篮球的轮椅，必须较一般轮椅轻巧，经得起碰撞；盲人门球的器材，必须有协助听音辨位的功能；等等。这些器材运用在残疾人身上，使之能够从事与健全人一样的各项运动。

（五）体育运动共享——“普特”融合的理解

共享，即共同享用，多指资源共享。残奥会理念中对“共享”的理解是：要让残疾人与健全人在奥林匹克运动和社会生活中享有平等权利，在五环旗帜的感召下共享奥林匹克运动带来的欢乐、友谊、梦想与成功，共享社会文明成果。“体育运动共享”，是指在体育运动过程中，使残疾人的活动条件、方式和内容尽量达到一般标准，但并非要他们与健全人从事相同运动，而是向他们提供和健全人一样的环境和机会。

残疾人与健全人的体育融合可以从三个方面考虑。第一，合理性融合——差别共存与相互尊重。残疾人与健全人在体育运动内容和参与方式上一定会有差异，融合不是要求残疾人与健全人在同样条件下从事相同的体育活动，而是能够以宽容、平和的心态理解这种差异性的存在，和谐共处。第二，选择性融合——统一性与多样性有机结合。由于社会发展自身具有的矛盾性质，在确定融合模式和手段时，往往会面临两难选择。第三，适度性融合——和谐以共生共长，不同以相辅相成。任何人选择体育运动都必须尊重客观规律，这就启发我们应当充分考虑融合的限度，掌握适度融合的原则。

三、适应体育内容

（一）学校适应体育

1．学校适应体育的实施者

学校适应体育的实施者为特殊体育教师。特殊体育教师的职责有：教授语言（包括手语）、艺术、科学、健康等课程；对学生进行测试以评价学生的发展；帮助学生培养感情和社交能力，传授学生生活的技能，使其尽可能地独立，照顾学生生活，与心理学家、社会工作者、家长以及专业的治疗专家合作，以改善学生的生理及心理状况；定期与学生的父母或监护人会谈，告诉他们学生的发展和家庭教育建议，并且记录每个学生的进步等。

2．特殊体育教师应具备的专业能力

（1）相关专业的学科知识。

特殊体育教师在专业化过程中，既有一般普通教师专业化的标准，又有自身特殊教育的良好的专业道德、丰富的专业知识、从业的专业能力和自我专业发展意识。

特殊体育教师专业化内涵包括：专业道德，如敬业精神、职业道德、健康的个性；专业知识，如普通文化知识、专业学科知识、医疗康复知识、心理学知识等；专业能力，如教育教学能力、教学创新能力等；自我专业发展意识，如自我反思意识、自我规划意识等。

（2）适应体育专业服务能力。

适应体育专业服务能力是指针对工作性质提供专业服务的能力。目前国际比较通用的七种工作能力包括：P——计划，A——评量，P——处方/安置，T——教学/咨询/教练，E——评价，C——合作咨询，A——倡导，简称PAP-TE-CA模式。

PAP-TE-CA模式强调资源统整与咨询，是一种伞状服务。这个模式，

最早提出终身服务的概念，并强调除了重视专业人员的工作表现外，更应重视其理念与态度。此模式不仅可以用来评鉴自己与他人的专业能力，亦可作为制定自我进修目标的参考。

3．学校适应体育的内容与组织形式

学校适应体育常规组织形式一般是体育课和课外体育活动，在中小学还有大课间体育活动。无论是普通学校（简称普校）还是特殊教育学校（简称特校）的残疾学生，都能够得到适合他们身心特点的体育教学。特校有相应的各类特校体育课程标准，普校随班就读的残疾学生执行普校的体育课程标准。在教育部等七部门出台《特殊教育提升计划（2014—2016 年）》和《第二期特殊教育提升计划（2017—2020 年）》后，各地区对普校融合体育教育的师资和场地器材开始重视，学校适应体育的内容也逐渐丰富起来。

（二）竞技适应体育

目前竞技适应体育比较有代表性的是残疾人奥林匹克运动会（以下简称残奥会，可参加者：患有脊髓损伤、脑瘫、肢体残疾、视力残疾、矮小症的运动员）、特殊奥林匹克运动会（以下简称特奥会，可参加者：智商低于 70 的运动员）和聋人奥林匹克运动会（以下简称聋奥会）。

1．残奥会

残奥会始办于 1960 年，是由国际奥委会和国际残疾人奥林匹克委员会主办的、专为残疾人举行的世界大型综合性运动会，每四年于夏季奥运会后举办一届，截至 2019 年已举办过 15 届，2020 年第 16 届残奥会将在日本东京举行。冬季残奥会自 1976 年举行以来，截至 2018 年已经举办 12 届，参赛运动员总人数接近 6 400 人。比赛项目有高山滑雪、越野滑雪、冰上雪橇球、轮椅体育舞蹈等四个大项，每个大项中又包括若干小项。2022 年第 13 届冬季残奥会将在北京举办。

2．特奥会

特奥会，是基于奥林匹克精神，专门针对智力残疾人开展的国际性运动会。特奥会项目非常丰富，从最基本的机能活动到最高级的竞赛，适合所有年龄和能力等级的特奥运动员。特奥会包括本地、国家、洲际和世界等不同级别。其中，世界特奥会每两年举办一届，夏季和冬季交替举行。

国际特奥会共举办过 15 届夏季特奥会、11 届冬季特奥会。值得一提的是，近年在特奥赛事中非常着力推广融合比赛，如特奥融合篮球赛、特奥融合足球赛，倡导健全青少年与智力残疾青少年组队参与体育比赛，增进融合进程。

3．聋奥会

聋奥会，又译为听障奥林匹克运动会。第 1 届聋奥会于 1924 年 8 月 16 日在法国巴黎举行，每四年举办一届，现已举办了 23 届。项目设置与健全人运动会相差不大，主要有篮球、排球、足球、乒乓球、田径、自行车、体操、游泳等。有区别的是，选手在起跑时不用发令枪，而是用旗子来指挥。另外，听力残疾的人不能参加射击、射箭比赛。

（三）休闲适应体育

在残疾人休闲适应体育活动开展方面，美国的经验值得借鉴。几年前，著名的美国总统健身委员会邀请全美各地专家为残疾人设计了一个名为“我能做到，你也能做到”的项目。在这一项目下，每一位残疾人将获得一份由导师为他专门制订的健身计划。该委员会向全美推行 6 周健康计划，残疾人参加 6 周健康计划也可以获得奖励。不同身心状况的人，其身体活动有不同的标准，卫生健康相关部门负责设定这些标准。

我国广泛开展的“残疾人自强健身工程”以及各地开发的残疾人全民健身项目，都属于休闲适应体育范畴。目前，适合残疾人健身的项目逐步被开发并应用于残疾人日常健身，比如轮椅健身术等，满足了特定残疾人的健身需求。中残联每年都会向全国范围征集康复体育项目，从中筛选适宜向全国推广的优秀项目，通过全国残疾人健身指导员培训的方式推广到各省市。社区健身服务站点已开始针对不同残疾类型人士进行服务设计，要求残疾人社会体育指导员能够掌握老残一体、社区康健的健身方法和手段。休闲适应体育活动将作为残疾人体育参与的重要方式，越来越受到重视。

第四节　助残与大学生自我职业生涯规划指导

一、大学生自我职业生涯规划概述

大学生职业生涯规划是指将个人发展与组织发展相结合，通过对职业生涯的主客观因素进行分析、总结和测定，确定一个人的奋斗目标，并为实现这一目标而预先进行生涯系统安排的过程。职业生涯规划也被称作职业生涯设计，分个人职业规划（设计）和组织职业规划（设计）两个方面。职业生涯规划的作用在于运用科学的方法、切实可行的措施，帮助大学生树立明确的目标，发挥个人的专长，开发自己的潜能，克服生涯发展困阻，避免人生陷阱，不断修正前进的方向，最后获得事业的成功和幸福的人生。

二、大学生自我职业生涯的影响因素

（一）外部因素

职业生涯是一个人在其一生中与工作相关的一系列活动、行为、态度、价值观、愿望等的有机整体。那么如何规划自己的职业生涯呢？需要考虑的外部因素有以下四点。

1．冷门还是热门

热门职业一般薪酬高，但我们不能以此定职业，必须分析自己的能力所长，对已经表露出来的职业兴趣和职业特长要特别珍惜，尽量寻找符合自己特长的职业。即使一时无法从事自己喜欢的职业也没有关系，可以在以后工作中逐步调整。

2．稳定还是不稳定

中国有句老话“三十年河东，三十年河西”，以前很红火的热门职业，如今未必吃香。但是职业稳定的概念却是相对的，计划经济时代，职业稳定；

但随着改革开放，受市场经济的影响，在今天即使是公务员，也有淘汰机制。因此，所谓的不稳定，不是职业的不稳定，而是企业、单位的不稳定。作为社会分工的各种职业，在社会上总是有需要的。

3. 大公司还是小公司

大公司优点很多，比如有良好的福利、晋升机会、培训体系，大公司的经历为以后求职带来便利；但是缺点也很明显，大企业人才济济，其分工过细、过明确，个人能力和特点就不易被发现，除了本职工作外，其他能力可能很难得到锻炼。相对于大公司，在小公司工作，可能身兼数职，更能展示你的才能，职业发展空间可能会更广阔；但小公司在市场大潮中的风险会更高，随时有可能出现生存困难的问题。

4. 大都市还是小城镇

人才结构呈金字塔形，高端人才少。人才分布呈山地形，有的地方人才多，是“高地”；有的地方人才少，是“平地”。目前我国城市化进程日益加快，大城市人才更加集中，竞争激烈，但机会更多；小城镇相对安逸，没有太多竞争，但机会相对更少。

（二）自身因素

除了外部因素，大学生还需结合个人的情况加以考虑，才能更好地为今后寻求适合的职业定位。以下两种是比较有效的了解自己的方法。

1. W 分析法

① Who am I？（我是谁？）：面对自己，真实地写出每一个想到的答案，并按重要性排序，比如自己的专业、家庭情况、年龄、性别、性格、动手能力、思考能力等。② What will I do？（我想做什么？）：可以从小时候回忆，将自己喜欢做的事情写下来。③ What can I do？（我会做什么？）：可以把自己有能力做的，还有通过潜能开发能够做的事写下来。④ What does the situation allow me to do？（环境支持或允许我做什么？）：将自己所处的家庭、单位、学校、社会关系等各种环境因素考虑进去。⑤ What is the plan of my career and life？（我的职业与生活规划是什么？）

2. SWOT 分析法

SWOT 是“strengths（优势）”“weaknesses（劣势）”“opportunities（机遇）”“threats（威胁）”四个英文单词的第一个字母的组合。优势：

学了什么，做过什么，最成功的是什么，忍耐力如何。劣势：性格弱点，经验或经历中欠缺什么，最失败的是什么。机遇：就业形式，各种职业发展空间，社会最急需的职业。威胁（挑战）：专业过时，同学竞争，薪酬过低。

三、助残与大学生自我职业生涯规划

青年时代是由懵懂走向成熟的关键时期，身体力行地从事助残志愿服务，会帮助大学生形成正确的世界观、人生观和价值观，能够使其开阔眼界，有更包容的胸怀。在人生过程中，我们的所有付出都不会白白浪费，总会在未来某个时间得到回报。在大学生阶段参与助残看上去是只有付出，暂时没有回报的行为，但事实上，助残志愿服务对职业生涯的影响是潜移默化并且巨大深远的。这些影响体现在以下几个方面。

1．对社会的包容能力

对自己不认同、不喜欢的事物的包容是一种非常难得的能力。残疾是一种很难让人喜欢的状态，然而通过助残，大学生可以去理解残疾，包容残疾，与之共生、融合、和平相处。这种适应和理解包容的能力在职业生涯中也会发挥很好的作用，能够培养大学生的“大格局”，在职场上包容一些不同的意见，促进职业生涯的顺利发展。

2．对弱者的同理心

同理心是个心理学概念。它的基本意思是说，一个人要想真正了解别人，就要学会站在别人的角度来看问题，也就是人们在日常生活中经常提到的设身处地、将心比心的做法。心理学家发现，无论在人际交往中发现什么问题，只要你坚持设身处地、将心比心，尽量了解并重视他人的想法，就比较容易找到解决问题的方法。尤其在发生冲突和误解时，当事人如果能够把自己放在对方的处境中想一想，也许就可以了解到对方的立场和初衷，进而求同存异、消除误会。其实同理心并不是什么新的想法，早在两千多年前孔子就说过“己所不欲，勿施于人”。同理心就是要做到推己及人：一方面，自己不喜欢或不愿意接受的东西千万不要强加给别人；另一方面，应该根据自己的喜好推及他人喜好的事物或愿意接受的待遇，并尽量与他人分享这些事物和待遇。西方文化同样也有强调和推崇同理心的传统。

残疾人是社会的弱势群体，大学生在助残的活动当中，可以培养对弱者的同理心，进而在职业生涯中，更加能够体会其他人在其岗位上的辛苦，建立较好的人际关系。尤其是在职场上有了一定的地位，开始领导和管理别人的时候，对弱者的同理心更加能够帮助上位者理解下位者的处境，从而进行更好的管理，提高办事效率和人格魅力。

四、助残志愿服务与跨界融合

志愿服务跨界融合主要指志愿者更好地参与到各行业，兼容发展，互相促进，相得益彰。行业融合着重从理念、人员、活动、管理、互联网创新等方面融合，体育助残志愿服务也可开拓这样的市场。

首先，要着重于志愿服务机构定位，如高校体育助残志愿服务队，就可以与社会组织、残联等机构联合，定期进行活动，培养出一批专业性强的助残志愿者；其次，互联网＋志愿服务平台的方式值得推荐，这种方式能有效解决志愿服务统计方面的困难。目前志愿服务信息系统缺乏规范，数据信息互不联通。如果有专门的全国助残志愿服务信息系统运行网络，能够有效地进行数据采集和统计分析，就能整合助残志愿服务资源，为助残志愿服务高效有序运转提供支撑。

未来跨界融合新趋势还表现在，通过转移职能和购买服务，政府和公益组织之间越来越跨界融合，通过履行社会责任和共享价值，企业和公益组织之间越来越跨界融合。政府、社会、市场三者之间的界限被超越，创新越来越多地表现为跨界与融合。

总而言之，助残志愿服务可以从能力和心理上对大学生将来的职业生涯产生积极正面的影响，甚至可以改变大学生的职业生涯。因此，大学生参与助残志愿服务是当前社会背景下，社会和个人双赢的结果，是值得宣传、开展和提倡的。

第二章

残疾人基本特点及体育需求

本章导读: 2008年修订的《中华人民共和国残疾人保障法》规定:残疾人是指在心理、生理、人体结构上，某种组织、功能丧失或者不正常，全部或者部分丧失以正常方式从事某种活动能力的人。残疾人包括视力残疾、听力残疾、言语残疾、肢体残疾、智力残疾、精神残疾、多重残疾和其他残疾的人。先天遗传、后天疾病或突发伤害等是造成残疾的主要原因。虽致残原因不尽相同，但残疾人都需要通过康复活动，以拥有和健全人一样的尊严和权利，而残疾人在康复介入过程中一直承受着生理和心理上的双重压力。体育活动因其所具有的生物功能、心理功能和社会功能的缺陷补偿作用，在残疾人的康复工作中占有核心地位。多种形式的体育活动不仅能促进残疾人身体康复，提高其身体机能，还能减少其心理负面情绪，以提高其适应社会生活的能力。

本章分别对智力残疾人、视力残疾人、听力残疾人、肢体残疾人和精神残疾人的定义与分类标准、生理与心理特征、体育需求与服务技巧等方面进行详细的阐述，根据不同残疾类型的基本特点、体育需求与服务技巧，提出适合残疾人参与的体育活动项目，以发挥残疾人体育活动的作用。

第一节 智力残疾人身心特点及体育需求

一、智力残疾人的定义与分类标准

（一）智力残疾的定义

在我国残疾人分类体系中，智力障碍被称为智力残疾。中国残疾人联合会在残疾人抽样调查工作中，先后于1987年和2006年对智力残疾进行了定义。1987年的定义为：人的智力活动明显低于一般人的水平，并显示出适应行为的障碍。此类残疾包括在智力发育期间（18岁之前），各种有害因素导致的精神发育不全或智力迟缓，智力发育成熟以后，各种有害因素导致的智力损害或老年期的智力明显衰退。2006年的定义为：智力显著低于一般人水平，并伴有适应行为的障碍。此类残疾由于神经系统结构、功能障碍，个体活动与参与受到限制，需要环境提供全面、广泛、有限和间歇的支持，包括在智力发育期间（18岁之前），各种有害因素导致的精神发育不全或智力迟缓，或者智力发育成熟以后，各种有害因素导致的智力损害或智力明显衰退。2010年，美国智力落后协会（AAIDD）将智力障碍定义为：以智力功能和适应行为两方面具有显著性受限为特征的障碍。适应行为表现在概念、社会和实践适应技能的不足，且这种障碍始发于18岁之前。

智力残疾定义过程中需考虑四个要素：①智力残疾是一种障碍；②在智力功能上有显著限制；③在适应行为方面有显著限制；④智力残疾的发生是在18岁以前。根据以上四个要素，本书将智力残疾定义为：个体在18岁之前的智力发育期间，所体现出来的智力功能明显落后，且导致社会适应能力下降，并需要借助特殊教育途径给予提升的障碍。

（二）智力残疾人的分类标准

各类研究采用不同的分类标准对智力残疾人进行分类，常见的有智力受损程度（功能高低）、社会适应行为能力和接受援助程度三种分类标准。世界卫生组织（WHO）和美国智力落后协会（AAIDD）按智商（IQ）及适应行为（AB）来划分智力残疾。中国残疾人联合会在2006年的第二次全国残疾人抽样调查工作中，按发展商（DQ）、智商（IQ）和适应行为（AB），对智力残疾人做出了四个级别的划分（表2–1）。

表2–1　智力残疾人的等级分类

智力残疾	级别	分类标准		
		发展商（DQ）0 ~ 6岁	智商（IQ）7岁及以上	适应行为（AB）
极重度	一级	≤ 25	< 20	极度障碍
重度	二级	26 ~ 39	20 ~ 34	重度障碍
中度	三级	40 ~ 54	35 ~ 49	中度障碍
轻度	四级	55 ~ 75	50 ~ 69	轻度障碍

表2–1中的数据是运用韦氏儿童智力量表进行智力测验所得，现对表中的级别进行描述如下。

1．极重度智力残疾（一级）

极重度智力残疾（一级）是指人的发展商（DQ）低于25（包括25），智商（IQ）低于20，适应行为极度障碍。这些极重度智力残疾人有以下主要症状：面部表情明显呆滞，极度缺失注意力、记忆力与交际能力，且有较严重的生理健康问题；其肌力、肌张力、柔韧和协调等体适能低下，不能参加任何形式的学校教育，几乎没有基本的生活自理能力，需要终身的照料与监护。

2．重度智力残疾（二级）

重度智力残疾（二级）是指人的发展商（DQ）在26 ~ 39，智商（IQ）在20 ~ 34，适应行为重度障碍。这些重度智力残疾人有以下主要症状：神经系统受到了重度损伤，注意力、记忆力与交际能力大部分缺失，不能与人进行正常的交谈；运动感觉极差，在静态伸展方面远远地低于健全人的水平；很难参加学校教育，且经过训练也很难培养其生活自理能力，仍需要他人的照料与监护。

3．中度智力残疾（三级）

中度智力残疾（三级）是指人的发展商（DQ）为40 ~ 54，智商（IQ）

为 35 ～ 49，适应行为中度障碍。这些中度智力残疾人有以下主要症状：神经系统受到了中度的损伤，注意力与记忆力部分缺失，在语言的接受与表达上有困难，较难与人进行正常的交际；对运动存在着缺乏精力而懒散、不感兴趣而难以执行的问题；经过较难的学校教育后，能学会生活上的部分自理，对周围的环境有一定的辨别能力。

4．轻度智力残疾（四级）

轻度智力残疾（四级）是指人的发展商（DQ）为 55~75，智商（IQ）为 50 ～ 69，适应行为轻度障碍。这些轻度智力残疾人有以下主要症状：神经系统受到了轻度的损伤，注意力与记忆力轻度缺失，在语言的接受与表达上没有明显的困难，能与人交谈；运动能力与社会行为发展虽不佳，但经过学校教育和实用技能培训，能获得一定的生活自理、学习和社会参与能力。

二、智力残疾人的生理与心理特征

（一）智力残疾人的生理特征

智力残疾人不仅表现在智力水平和适应能力上的落后，在生理发展上也有明显的不足。他们的生理发展除了受不同病因的影响外，还受很多其他因素的影响。一般情况下，智力残疾的严重程度，直接关系着他们与健全人生理发展的差异性，即智力残疾级别越高的人，他们的身体发育一定越差，生理健康问题也会越多。现在从身体形态、身体素质、身体机能和神经系统四个方面，对智力残疾人的生理特征进行描述。

1．身体形态

身体形态是反映生理发展的重要特征，通常包括身高、体重和胸围等指标。智力残疾人由于受到交通不便、经济落后、营养缺乏、无同伴陪同与健身及休闲设施不符合身心特点等重要因素影响，他们的身高一般会比健全人矮。大部分智力残疾人受到自身智力障碍和社会适应性的限制，自我规划和选择生活方式的能力较弱，再加上他们的照料者进行不科学的过度看护，导致他们养成了无节制饮食或嗜好甜食、不爱运动等不良生活习惯。因此，他们的肥胖倾向远远高于健全人，且体重的增长速度高于身高的生长速度，平均胸围也就远远大于健全人，特别是唐氏综合征人群的超重及肥胖的比例，相较于其他类型的智力残疾人更高。但从外表看，大多数智力残疾人没有特殊的面貌。

2．身体素质

身体素质是体质的重要组成部分，是人体所能表现出的各种运动能力，包括力量、速度、耐力、灵敏和柔韧。由于智力残疾人的动作技能发展迟缓，动作技能学习受阻，加上环境因素使其得不到较好的体育锻炼，因此他们的身体素质与同龄健全人有显著的差异，尤其是重度智力残疾人，其身体的动作反应速度慢，力量耐力水平低，机体调节控制能力差。唐氏综合征人群的身体素质表现为肌肉缺乏弹力，关节松弛，反射神经发展缓慢，动作的协调性、平衡性差，时空感觉迟钝，重心移动能力差，追捕移动物体困难等特征。

3．身体机能

身体机能是指人体各器官与系统的功能，包括心率、血压、肺活量和青春期特有的生命活动。身体机能得到发展，不仅可以增强心肌收缩力，增大血管壁弹性，改善心血管系统，而且能加大胸廓运动的幅度，增强呼吸肌的力量，改善呼吸系统功能。据研究，相对于同龄的健全人，智力残疾人的脉搏平均值比较低，血压平均值偏高，肺活量平均值则明显偏低。智力残疾人虽然在认知领域明显落后于健全人，但其性生理的发展和健全人非常接近，并无明显差异。

4．神经系统

智力残疾人的智力障碍程度越深，其神经发育的滞后问题也就越发明显。因其神经受到了不同程度的损伤，导致其神经系统发育普遍滞后，主要体现在精细动作与粗大动作等动作技能的发展上。由于其注意力很难集中，无法分辨有意义的刺激，容易产生无助感，因此他们的动作技能发展迟缓，协调能力差，动作比较笨拙，走路姿态较僵硬，有些甚至缺失行动能力。智力残疾人最弱的是动作的控制与平衡感、速度与灵巧性，需要经过较长时间的学习与训练才能掌握相关的技能。还有一些重度智力残疾人，其动作协调能力和步态及精细动作技能，也有比较大的问题，如不会正确使用剪刀，走路经常摔倒，不会双脚交换走或跳等。

（二）智力残疾人的心理特征

了解智力残疾人的心理特征，对于指导与智力残疾人相关的教育与康复工作、促进智力残疾人与社会融合具有现实的意义。心理特征是指心理活动进行时经常表现出来的稳定特点，主要包括认知发展、情绪与行为和社会适应能力等方面。

1．智力残疾人的认知发展

认知是人对客观世界的认识活动，也是一种心理过程。认知发展表现为各种心理机能的发展，包括感知觉、学习能力、语言与思维能力的发展。

据研究，大部分智力残疾人的感知速度缓慢且感知容量偏小，即无法快速察觉外界信息的刺激，如使用速示器展示不互相联系的单词，智力残疾人可感知的单词数量远比健全人少。智力残疾人的学习与认知能力比健全人低，主要体现在以下几方面。

（1）无法分辨有意义的刺激。智力残疾人注意力比健全人的差而窄，无法专注太久，且无法分辨有意义的刺激，容易受外界影响而导致学习成效下降。

（2）不易组织归纳学习内容。智力残疾人对学习内容的识记速度慢，记忆的选择性与目的性也较差，且记得不够牢固，日后很难把前面的习得内容进行准确的再现。

（3）对学习有明显的无助感。智力残疾人受到了智力障碍的限制，一些学习特质也深深地影响着他们，使得他们在学习时，经常会遇到许多困难或挫折，所以他们就会因心生畏惧和排斥情绪而退缩不前。

（4）缺乏类化能力。在学习迁移方面，智力残疾人不易运用过去所学的知识与经验，来解决问题或适应新学技能。

（5）语言方面。智力残疾人语言发展水平与其智力水平有直接的关系，智力受损程度越重，语言发展水平越低。与同龄健全人相比，智力残疾人的语言发展缓慢，总体发展水平低，表现为理解障碍、语音障碍、语言与运用能力差。

（6）思维能力方面。智力残疾人以具体形象思维为主，思维刻板，缺乏目的性、灵活性、独立性和批判性，不善于运用概念、判断、推理等来论证客观事物之间的关系，缺乏分析、综合、抽象概括的能力。

2．智力残疾人的情绪与行为

情绪作为人类的基本心理过程之一，深深地影响着个体认识活动的方式和行为的选择，它涉及人格的形成与人际关系的处理，对人体的生存与生活有着不寻常的作用。智力残疾人常见的情绪与行为问题有害怕、抑郁、胆怯、易怒、攻击别人、自我刺激与自我伤害等。

与健全人相比，智力残疾人更易于出现行为问题和情绪障碍，且智力残疾的程度越重，其相应的问题也越复杂。智力残疾人常常因为其感知觉功能、识记能力、语言发展、思维能力等方面的缺失，对周围环境的辨别与适应能力的不足，参与社会生活的能力低下等问题，而导致他们的情绪发展水平、情绪情感的体验水平和情绪控制的能力低下。但他们的情绪反应很直接，会出现外显的行为，比如高兴的时候会拍手，生气的时候会吐口水等。

3．智力残疾人的社会适应能力

社会适应能力不足是智力残疾人的核心特征之一，他们因受限于感知觉功能、识记能力、语言发展、思维能力等，无法自在地参与同伴的游戏，导致自我发展迟缓。智力残疾人的社会适应能力发展特点是：社会适应能力差，随年龄的增长而逐渐提高，个体间差异大，发展不平衡。智力残疾程度越严重，智力残疾人的社会适应能力就越差。其具体表现如下：由于他们缺乏自知和自制，行事经常随心所欲，很难建立良好的人际关系；在活动中不易理解团体活动规则，自我中心较强，比较固执、畏缩、情绪不稳、过度依赖及缺乏自信心和耐心，故经常不能参加团体活动。总之，智力残疾人的人格特质较为僵硬，做事缺乏弹性，对自我与他人之间的辨认有困难，其社会行为发展不良，即社会适应能力很差，无法与社会和谐发展。

三、智力残疾人的体育需求与服务技巧

智力残疾人皆因不同程度的功能缺失，使得大脑在接受信息时反应较为缓慢，导致其理解能力和记忆能力不佳，进而影响动作的执行。体育活动不仅是肌肉和运动能力的训练手段，还能改善智力残疾人的神经系统，并培养其学习高等知识的基础，有助于其从中建立良好的人际关系，对其

适应社会生活有良好的作用。有效的身体活动能在认知、情绪、心理动作等方面给智力残疾人提供实现自我的机会，使之获得成就感，并获取继续学习的动机，最终学以致用，获得社会生活适应能力。因此，通过有效的身体活动来教育不同特质的智力残疾人是最简单易行的途径，有效的身体活动也是智力残疾人最基本的体育需求。

智力残疾人在生理和心理上的缺陷，使得他们的身体形态、身体素质、身体机能、神经系统等各方面都远远不如健全人，身体活动能力也随之落后。源于认知、情绪与行为、社会适应能力的缺失，他们在游戏或体育活动中面临较大的困难。因此，根据不同特质选择身体活动的学习与训练内容，运用合理的服务技巧，以提高智力残疾人的体适能、学习与记忆能力、动作发展和社会发展水平等，就显得至关重要。

（一）智力残疾人的体育需求

1．体适能

智力残疾人都有低水平体适能的倾向，如静态肌力、动态肌力、爆发力、柔韧性、灵敏性、平衡能力、速度、心肺耐力等都落后于健全人。他们还有因不良的饮食习惯、缺乏参与体育活动的机会导致的肥胖问题。针对这些问题，可以在家中、社区或休闲情境中为其提供身体活动的机会，例如：走路、慢跑、水中活动、跳舞、骑固定式脚踏车、渐进式阻力活动（弹力绳、重量训练）等。

2．学习与记忆能力

智力残疾人的注意力不够集中，记忆功能分散，导致了他们在问题的解决、长短期的记忆能力、学习迁移和沟通技巧等方面都存在着不同程度的障碍。我们可以选择能够提高他们记忆力和专注力的身体活动内容，例如：不断挥动彩虹大伞的活动、基础动作技能的习练（拍球、踢球等）、水中运动，也可以加入具有学习意义的家庭游戏（如眼睛体操）。

3．动作发展

智力残疾人常因营养不足、发育不良，而在平衡感、稳定性、身体知觉、整体敏捷性、移动和物体的控制等方面表现有所欠缺。为了促进其动作发展，可采用广泛、基本的发展性适应体育活动，例如：平衡木或平衡板的练习、体操翻滚技巧练习、韵律操基础动作技能练习，也可以是其他社区休闲活动等。

4．社会发展

智力残疾人的自我概念比较模糊，自我形象差，倾向模仿，且不能拥有适当的社会互动，或对体能活动的参与显得犹豫不决。我们应该为他们安排内部变化性的活动，还有一些简单的竞赛，以及需要分享和互动的游戏，并保证他们能在“零失败”或确保成功的状况下完成，例如：想让他们横渡游泳池可能要花很多时间，但他们只要能借助浮板独立完成，也是可以的。

（二）智力残疾人的服务技巧

为智力残疾人设计详细的饮食与运动计划，基于功能性或功能性发展的体适能活动，根据实际情况逐渐增加各项活动的时间和重复次数。在智力残疾人训练过程中，必须使用具体的例子和视觉刺激来进行提示，如为其做双手投掷球的示范，以达到直观的视觉示范作用，帮助其慢慢建立起初步的投掷动作模型，等投掷技能学会了以后，进行其他动作的学习迁移，即继续教球类运动，但可以增加难度。还要注意在不同情境下提供练习和表现技能的机会，如为了训练投准，可以以游戏（投掷标靶）的方式展开。除此之外，还要同时鼓励他们用语言表达相关信息和动作技能，以提高学习与记忆能力。

智力残疾人一般需要花较长的时间才能学会动作，故我们需要根据他们的需求和特性来规划和设计活动，在训练过程中从简单易行的活动开始，采用游戏的方式，融入基础动作技能教学，待熟练后再增加复杂的动作内容，以促进其动作发展。我们应该提倡“零失败”理念的社会互动，活动可以把单独游戏调整为团体互动，以反映正常的社会发展，所提供的活动含有轮流分享、责任互换以及等候轮到自己等，在他们体验成功时，应及时给予肯定和鼓励。

第二节　视力残疾人身心特点及体育需求

一、视力残疾人的定义与分类标准

（一）视力残疾的定义

在现代医学及特殊教育领域，视觉障碍又被称为视力残疾。常人很容易把视力残疾称作盲，其实不然，视力残疾可以分为盲和低视力两种。盲人是完全失去对光线信息刺激的感知，处于一片黑暗中；而低视力者还有一些残余视力。美国颁布的《残疾儿童教育法案》提出视力残疾是一种视觉上的损伤，即使经过矫正，其损伤对孩子的教育活动仍有不利的影响。视觉上的障碍影响视力残疾人的日常行动及社交生活，使之易与社会产生隔阂。综合与借鉴我国两次的全国残疾人抽样调查残疾标准对视力残疾的定义，本书对视力残疾做出如下定义：视力残疾是指受先天性和后天眼疾、眼外伤等因素的影响，出现了双眼视力低下或盲症状，且不能借助医学与物理疗法进行有效矫正，以致在日常学习、工作、社会参与中都存在着的障碍。

（二）视力残疾人的分类标准

不同国家、不同行业等对视力残疾人的分类标准不尽相同。我国 2006 年进行的第二次全国残疾人抽样调查工作中，修订了视力残疾人的分类标准，分成盲和低视力两类，并划分等级。（表 2–2）

表 2–2　视力残疾人的等级分类

类别	级别	分类标准
盲	一级盲	最佳矫正视力 < 0.02 或视野半径 < 5 度
	二级盲	最佳矫正视力 ≥ 0.02 而 < 0.05 或视野半径 < 10 度
低视力	三级	最佳矫正视力 ≥ 0.05 而 < 0.1
	四级	最佳矫正视力 ≥ 0.1 而 < 0.3

盲或低视力均指双眼而言，若双眼视力不同，则以视力较好的一眼为准。如仅有单眼盲或低视力，而另一眼的视力达到或优于 0.3，则不属于视力残疾。表 2–2 中的“最佳矫正视力”是指以适当镜片矫正所能达到的最好视力，或以针孔镜所测得的视力。“视野”是指人的眼球固定注视不动时，视线保持平直方向所能见到的空间范围，正常视野是一个近似的椭圆椎体，截面是近似的椭圆。视野半径小于 10 度者，无论其视力如何，均视为盲。

二、视力残疾人的生理与心理特征

（一）视力残疾人的生理特征

1．身体形态

视力残疾人缺乏足够的视觉刺激，只能通过身体刺激来代偿。因此，他们一般会借助四肢去触碰物体和周边的环境，以理解自己的身体部位和感受空间。他们对身体的方位、身体与他人之间的关系、身体和周边环境的关系等的感知是不完整的，以至于影响到其自身的移动功能。因此，视力残疾人一般都会有刻板行为，如：经常挤弄或揉搓眼睛、摆动或急旋身体、绕圈子、低头向前等。

2．身体素质

婴童发育期间的视力残疾人，由于受到视力障碍的限制，一些最基础的抬头、坐、站等姿态出现了发展滞缓（滞缓程度受障碍程度深浅的影响而不同），且姿态发展滞缓直接影响了粗大与精细动作技能的发展。视力残疾人在做走、跑、跳等动作时，不能充分感受到空间与环境的刺激以形成正确的视觉判断，重度视力残疾人缺乏对身体动作潜能的回馈，故而在肌力、平衡力、稳定性以及一些复杂组合的动作上受到限制。

3．身体机能

一些研究结果表明，视力残疾人的身体机能较健全人有明显的差距。他们因普遍缺少身体练习，以及受到过度保护而出现体适能水平低下，以致他们的心肺功能和心肺耐力都较健全人低。

（二）视力残疾人的心理特征

1．视力残疾人的认知特征

（1）感知觉方面。由于视觉功能的缺失，听觉和触觉成为视力残疾人认知的主要途径，因此视力残疾人的听觉与触觉比常人发达，听觉在视力残疾人的感知认识活动中起主导作用。（图 2–1）

图 2–1　盲人足球队员通过听觉与触觉排队进场

（2）触觉方面。由于视觉功能的丧失，视力残疾人会大量使用触觉，如凭借双手的触觉识别物体、用双手学习文字等。通过长期的磨炼，他们的触觉，尤其是手的触觉灵敏性很强，这也是视力残疾补偿与适应的结果。（图 2–2）

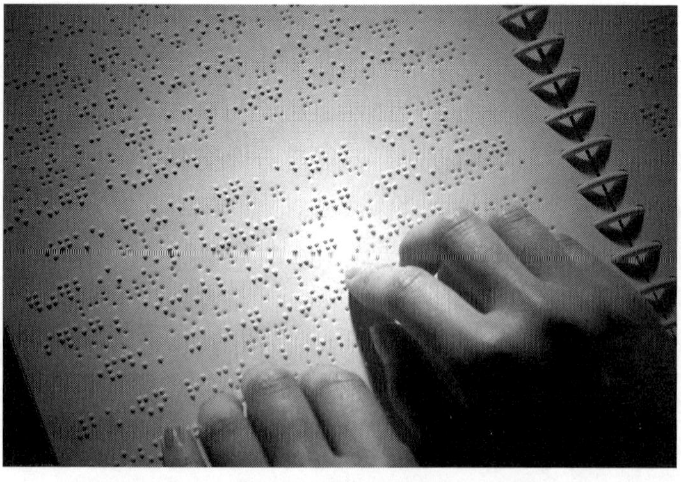

图 2–2　视力残疾人通过触摸学习盲文

（3）听觉方面。听觉和触觉一样，是视力残疾人认识世界的一条重要途径。通过听觉，他们可以判断出声源的远近，生人、熟人以及其他人的喜怒哀乐。听觉对于视力残疾人的语言及思维发展的意义是，他们在日常生活中比健全人更多地依赖听觉促进概念的形成。（图 2-3）

图 2-3 盲人足球队员通过听觉识别足球位置

（4）语言方面。视力残疾人语言的最基本特征是语言能力的发展速度和生理年龄的增长是同步进行的，其语言水平可以达到同龄健全人水平；视力残疾人的语言缺乏表象的基础，语言与实物脱节，如他们描述的“蓝蓝的天”等，都不是目睹，只是耳闻；他们不会运用表情、手势和动作等方式来辅助语言表达；他们使用的文字与健全人完全不同，他们只能通过盲文点字来阅读和书写。

（5）思维方面。由于缺乏视觉表象，视力残疾人对事物的感知受到局限，通过其他感觉获得的感性材料往往只反映事物的局部特征，难以形成准确的概念。因此，他们很难做出准确的判断和推理，他们的思维活动的发展水平整体上要比健全人落后，但他们的思维比较敏捷。这是视力残疾人失去视觉后，时常独自思考、长期动脑的结果，是其逻辑思维方面的重要特点。

2．视力残疾人的个性特征

视力残疾人的个性特征与其生理缺陷相联系，如行动不便，在日常生活中缺乏与外界、他人的交往，致使一些视力残疾人的性格较为内向，不易与别人融洽相处，这些特点随年龄增长而变得愈加明显。另一特征是对生活态度消极，易于形成自卑心理，特别是到了一定年龄，当他们开始考虑个人生活出路，甚至婚姻等问题时，容易悲观。此外，他们对自己的缺陷非常敏感，很在乎别人对自己的议论、看法，表现得非常孤傲。

三、视力残疾人的体育需求与服务技巧

参加适当的身体活动，不仅可以提高视力残疾人的触觉、听觉功能，以达到代偿视觉效果，还能改善体态形象，提高自信心，尤其可以改善他们的协调性，提高身体肌力、平衡感、敏锐性等，以及增强心肺功能。但由于视觉的缺失，他们无法充分感知空间和环境，无法对动作做到视觉回馈。因此，志愿者需通过使用特殊的运动场所、辅助器材和个别化的教学训练手段等，确保视力残疾人能安全有效地参与身体活动。

（一）视力残疾人的体育需求

1．一般性体育活动

视力残疾人的心智、能力和健全人并没有差异，我们无须降低对他们的要求，但须提前培养他们的认知能力，并在活动中给予特殊协助，做到以记忆力增加行动力。视力残疾人可以参与一般性体育活动，例如：体操、舞蹈、水中活动、骑马、摔跤、柔道、跳绳、双人自行车和体育游戏等。

2．适应性功能训练

（1）触觉训练。触觉是视力残疾人感知周围事物的重要途径之一，为了弥补视觉功能受限，可以把触觉训练作为一项体育活动。在他们进行一项活动的时候，可将其手指放在活动示范者的身上，也可以利用人偶或人体模型来助其找到肢体位置。此外，示范者也可以帮助他们触碰自身肢体位置，让他们得到身体活动反馈。总之，触觉的训练内容可以是多样性的。例如：在自行车训练中，可以让他们用手触摸自行车的构造，了解它的形状和用途；可以让他们用手触摸示范者动作过程的身体各部位，感受自行车的骑行技巧；还可以让其先用脚踩踏自行车的脚踏，体会骑自行车的主要动作。

（2）听觉训练。除了触觉之外，听觉对视力残疾人的补偿作用巨大，是视力残疾人感知世界的重要途径。视力残疾人模仿一个完全看不到的动作是相当困难的，连续性的口语式声音信号和触觉的搭配是指导其进行体

育锻炼的重要手段。为了有效地指导他们进行体育活动，需先教会他们能辨别不同的声源，再到辨别声源的方位。当他们能应付单一声源时，可以让他们处在同时响着多种不同声音的环境里，让他们能从嘈杂的环境里辨别和追踪到自己需要的那种声音。例如：通过不同的声音，判别篮球弹起的高度，通过这种训练，可以接住自己抛出后弹回来的球，乃至别人投过来的球；利用声音训练他们对边界线的判别，当视力残疾人到达游泳池的墙壁时，用声音提醒其转身或到达终点；跳绳过程中，根据绳子落地而起的声音，判断起跳时机和节奏。

（3）空间感训练。提高视力残疾人感知、占有和使用空间的能力是其参与体育活动训练的必要前提，可以通过以下方式训练他们的空间感。

①直线走练习，先在地上做特殊的标志，让其在同伴和声音的引领下行走，再加大难度，在平衡木上行走，一直到自己能判别障碍物，自如行走。

②利用游戏的方式，练习掌握目标和方向之间的联系。

③听声音做转体动作，从转体 90 度、180 度、270 度直至 360 度。

④根据地面设置的标志做曲线运动，直至能绕各种规则或不规则图形行走。

（4）定向与灵活性训练。视力残疾人为了确定自己在周边环境中的定位，以及自身与其他人、事与物之间的关系，他们除了需具备在环境中活动的能力外，还需借助周遭事物，认真地记忆新环境，以便快速对自己的正确方位做出判断，以及在活动中保持警觉性。为此，我们应该训练他们学习自我定向，并且根据情境改变定向，提高灵活性，以增强他们身体活动的效能。可以通过以下方式进行训练。

①练习在跑步前进时，接收到声音信息，能马上按照既定路线跑向目标地；或利用声音的指挥，根据不同的声源，走或跑向不同的目的地。

②设置一个或多个移动的声源，让练习者一一寻找。

③寻声追赶游戏，同伴和练习者击掌后跑开，让练习者依据对同伴脚步声的感知进行追赶。

（二）视力残疾人的服务技巧

基于视力残疾人的视觉功能的缺失，运动场地、器材和辅助器具等的应用，触觉、听觉等感官的综合刺激是促进视力残疾人参与体育运动的重点，可以从以下几个方面进行加强。

1. 运动场地与器材

鉴于视力残疾人的视觉障碍，必须把运动场地和器材的使用安全放在第一位，要一再试用，才可确保安全投入使用。为了让他们熟悉运动场地和器材，可以运用他们的听觉（口头宣讲）、触觉（用手、脚进行身体触摸）、嗅觉（了解周边气味）等来认知运动场地与器材，以解除他们对运动场地和器材的不安全感，增加运动训练的成效。除了对运动场地与器材的详细说明外，还要做安全守则的强调教育，做好安全防护措施，如敞开的楼梯和延伸的边沿，应有导盲标志或警告。以游泳池为例，可告知他们四周的事物、池水的深浅、当下正在池子里活动的人员，以防止不当的碰撞或溺水等不利情况的发生。

2. 辅助器具

为了帮助视力残疾人进行有效的体育运动，通常需要使用辅助器材。如可使用盲人地图，帮助其了解运动场地的整体位置和方向，知道进出口；在球类训练中，可以在球里放置铃铛，使其能听音辨球；在陪练者身上绑上绳铃，可以进行长跑训练；游泳池中的引导绳、安全帽、哨子等都可以作为辅助器材，为他们提供安全保障。

3. 综合运用听觉与触觉

听觉与触觉等感官知觉的综合运用，是视力残疾人理解与环境的互动认知的有效途径，如利用手、脚和其他身体部位，从推、压、握、抓、碰、拿等动作中获取身体运动的资讯。也就是说，运动时需让他们能借助他人的口语、肢体引导，将运动要领转化为声音、触觉等资讯，并借由指导者引导他们进行身体练习。

4. 个别化的体育训练

视力残疾人可以分为盲和低视力两类，如果再加上功能性视力评估，他们之间的个体差异就会更明显。所以在训练的时候，在目标、内容、方法和评估上也应加以区别，才能达到效果。如视网膜脱落的人群如果再进行游泳、跳水、柔道等运动，就会引起视力的恶化。因此，需对他们制订个别化体育训练计划，且必须根据其能力水平而限定训练人数，可以是一对一或一对多的教学训练。

第三节　听力残疾人身心特点及体育需求

一、听力残疾人的定义与分类标准

（一）听力残疾的定义

我国曾用“听觉障碍者”“听力障碍者”“听力损伤者”“听力残疾者”“耳聋者”等这些术语来称呼聋人人群。在1987年的第一次全国残疾人抽样调查中，使用了“听力残疾”术语。学者张宁生在研究中提出：听觉障碍是指由于各种原因，双耳听力丧失或听力减退，以致听不到或听不清周围的声音。听觉障碍与听力残疾的意思相同。第二次全国残疾人抽样调查对听力残疾的定义是：人由于各种原因，导致双耳不同程度的永久性听力障碍，听不到或听不清周围环境声与言语声，以致影响日常生活和社会参与。综上所述，本书对听力残疾的定义描述如下：听力残疾是指人由于各种原因，双耳不同程度的永久性的听力丧失或听力减退，听不到周围的环境声与言语声，以致难以同人进行正常的言语交流，影响了日常生活和社会参与的障碍。

（二）听力残疾人的分类标准

按照听力受损的部位、听力受损的程度、遗传因素和听力受损发生的时间等，可以将视力残疾人分成不同种类。我国2006年第二次全国残疾人抽样调查中，按听觉系统的结构和功能方面的受损程度、较好耳的平均听力损失程度、在理解和交流等活动上的极度受限程度与在参与社会生活方面存在的障碍程度等对听力残疾进行了分类，它与目前世界卫生组织推荐的听力残疾标准中的听力测试频率（500Hz、1 000Hz、2 000Hz、4 000Hz）、听力残疾分类标准（四级）一致。第二次全国残疾人抽样调查听力残疾分级标准与世界卫生组织1997年听觉障碍分级标准的比较可见表2-3。

表 2-3　听力残疾分级标准比较

世界卫生组织 1997 年日内瓦会议推荐听觉障碍分级标准		我国第二次全国残疾人抽样调查听力残疾分级标准	
级别	听力损失程度（dB HL）	级别	听力损失程度（dB HL）
		一级	≥ 91
极重度	≥ 81	二级	81 ~ 90
重度	61 ~ 80	三级	61 ~ 80
中度	41 ~ 60	四级	41 ~ 60

二、听力残疾人的生理与心理特征

（一）听力残疾人的生理特征

听力残疾人由于缺少听觉感知的缘故，他们对快和慢的理解有困难，所以他们经常出现拖拽而行或脚拖地走路，运动速度较为缓慢。听力残疾人为了找到自己合适的位置，或者想通过一些活动来抒发情绪，所以他们经常会有躁动不安、不停扭动身体的症状。受到内耳疾病的影响，他们的平衡能力比较欠缺，许多时候，他们会出现身体前倾、不正常的倾斜以及头部转动，以补偿听力残疾的问题。此外，他们的其他身体素质一般无异于健全人，且具有敏锐的视觉分辨能力，偏好视觉信息，模仿能力强，手眼协调、空间知觉等能力方面发展较好，这也是对听觉功能代偿的结果。

（二）听力残疾人的心理特征

1．听力残疾人的认知特征

听力残疾人的认知发展既遵循一般的发展规律，即由简单到复杂、由具体到抽象、由被动到主动、由零乱到体系，又有自身的独特性。

（1）感知觉方面。与健全人相比，听力残疾人的视觉反应和视觉认知在某些方面可能体现出一定的优势，但听力损伤对他们的感知觉认知也产生了一定的影响，如局限了感知活动、缩小了知觉范围、缺失了某些特性、影响了声音定位等。

（2）注意方面。由于听力损失，听力残疾人只能以目代耳去感知事物，注意的产生和发展受到限制和影响，难以达到健全人注意的水平，主要表现为注意的范围比较狭窄、注意的分配比较困难、注意的转移能力较差和注意的稳定性不足。

（3）记忆方面。和健全人相比，听力残疾人的短时记忆广度相对较窄。他们对直观形象的物体记得快，不易忘，但对词语、逻辑记忆薄弱，记得慢，忘得快。

（4）语言方面。语言是人类相互沟通交流的主要工具，是人类在社会实践中学习知识、掌握科学、了解自己的中介。听力残疾人与健全人一样，拥有相同的学习语言和发展语言的生理基础，只是听力残疾人丧失了通过听觉感受语言的能力，因此语言发展困难是他们的主要语言特征。听力残疾人无法通过听的途径学习语言，因而不能形成说话的能力，不能进行口头交流。他们的说话能力在发音、词汇、语法、语序、句子结构、虚词运用等方面都具有一定的困难。他们的阅读能力较健全人低得多。

（5）思维方面。思维的发展与语言的发展有高度密切的关系，一般而言，语言的发展直接影响了思维的发展，尤其是抽象思维。因此，听力残疾人的语言发展受限，对他们自身的思维产生了重大的影响。

2．听力残疾人的个性特征

由于听力残疾人很难理解旁人言语表达的思想及要求，而且很难表达自己的思想与需求，因而容易造成自己与旁人的对立和误解，从而形成以自我为中心、猜疑、焦虑、胆怯、自制力差、自我封闭等情感和行为问题。因此，他们倾向在听力残疾人同伴之间交往，形成自我封闭的小圈子，导致自身的社会交往能力差。他们的个性特征的形成与自身所处的环境、周边人的态度有密切的关系。一般情况下，他们在独立性、领导性、忍耐性方面较差，比较固执；他们的知识经验贫乏，情感体验不深，易受暗示和易改变主张；依赖性较强，易附和他人；毅力较差。

三、听力残疾人的体育需求与向其提供服务的技巧

（一）听力残疾人的体育需求

听力残疾人因失聪妨碍沟通，失去了很多学习机会。适当的体育活动能帮助他们通过运动对身体的反馈，以自我校正来自生理缺陷对身体活动的不良影响，获得自我概念与人际关系的成长。他们在动态平衡力、抓取、

踢、跳等方面的能力不如健全人，可通过体适能动作发展与平衡力的训练进行有效的提高。

1．一般性体育活动

听力残疾人的粗大动作和精细动作的发展较健全人滞缓，他们在接受体育训练过程中，受到手势沟通模式的局限，对体育项目的规则理解不详，在运动或比赛中容易与人发生碰撞，或者被背后的来球砸到，故他们在体育活动中很容易产生无趣感和挫折感。因此，他们对体育项目会变得被动或需教练在旁不断地指导。他们对于桌球、羽毛球等需要精细动作的体育项目明显缺乏兴趣，反而喜欢粗大动作的身体活动，如：多种体适能活动（走路、慢跑、骑自行车、阻力训练）、单或双脚跳、跳远、跳高、舞蹈、体操、翻滚、水中活动等。

2．功能性训练

（1）体育手语训练（刺激－反应－做动作的练习）。在指导听力残疾人进行功能性训练时，沟通极具重要性。手势在体育训练中是非常重要的教具，教练经常一字一句地解释、鼓励、纠正和控制训练情境。教练经常用到的表达有："跳过去，跑到我的左侧""好棒，再来一次""不对，再看我做一次""停！再来一次"等，这些常用的动作提醒语言很容易被转化成手势。可以采取"刺激－反应－做动作"的模式进行训练，从简单的基础动作开始，慢慢提高沟通能力和身体素质。（图 2–4）

训练方法举例如下。

①教练做前后左右移动的手势，或做简单的走、跑、跳、投等基础动作的手势，由听力残疾人做出正确的反应并完成指令。

②"交通警察指挥交通"游戏：教练站在场地正中间，像交通警察指挥交通那样做出不同手势，听力残疾人根据手势指令向四周或者对角线运动。教练要根据他们的临场反应能力控制手势变化的难度。（图 2–5）

（2）平衡训练。听力残疾人因内耳损伤导致静态或动态平衡比较差，可以借助视觉与触觉作为代偿。因为平衡是所有体育活动的必要部分，选择能提高平衡能力的运动至关重要，舞蹈、体操、蹦床等都是有利于培养平衡能力的体育训练内容。

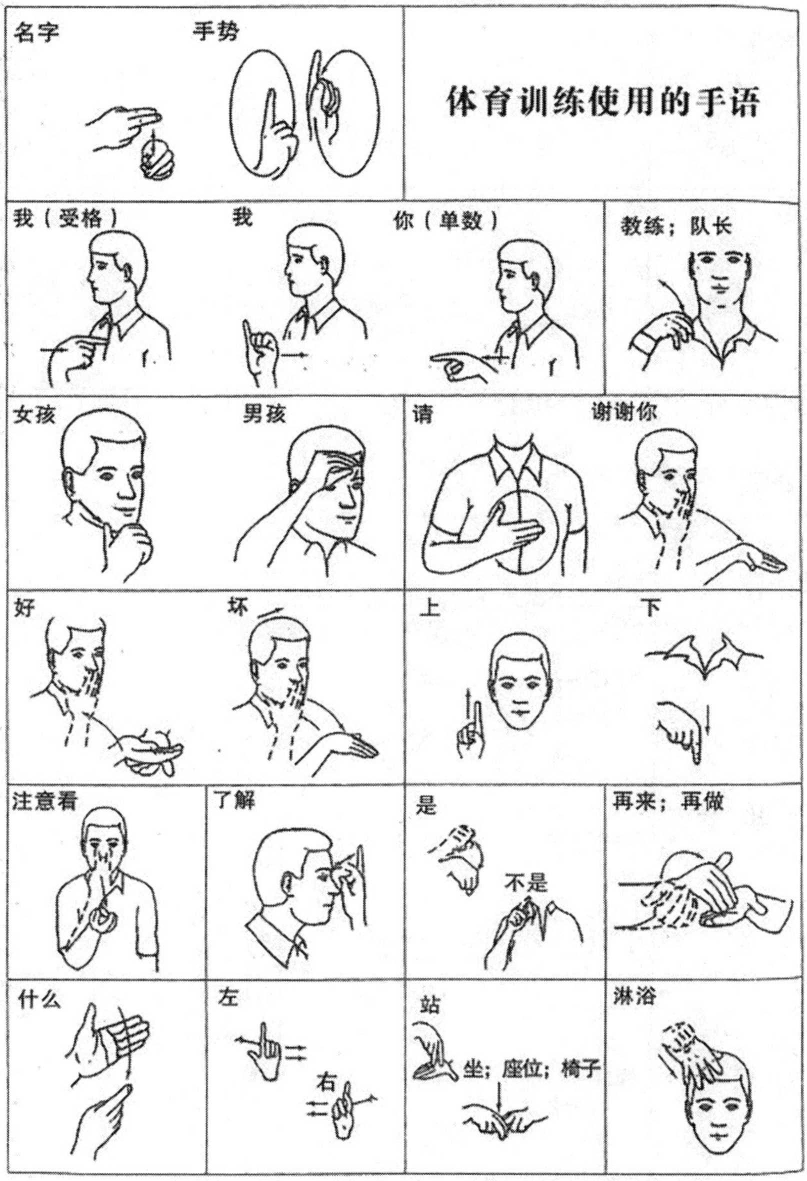

图 2-4(1)　体育训练的手语

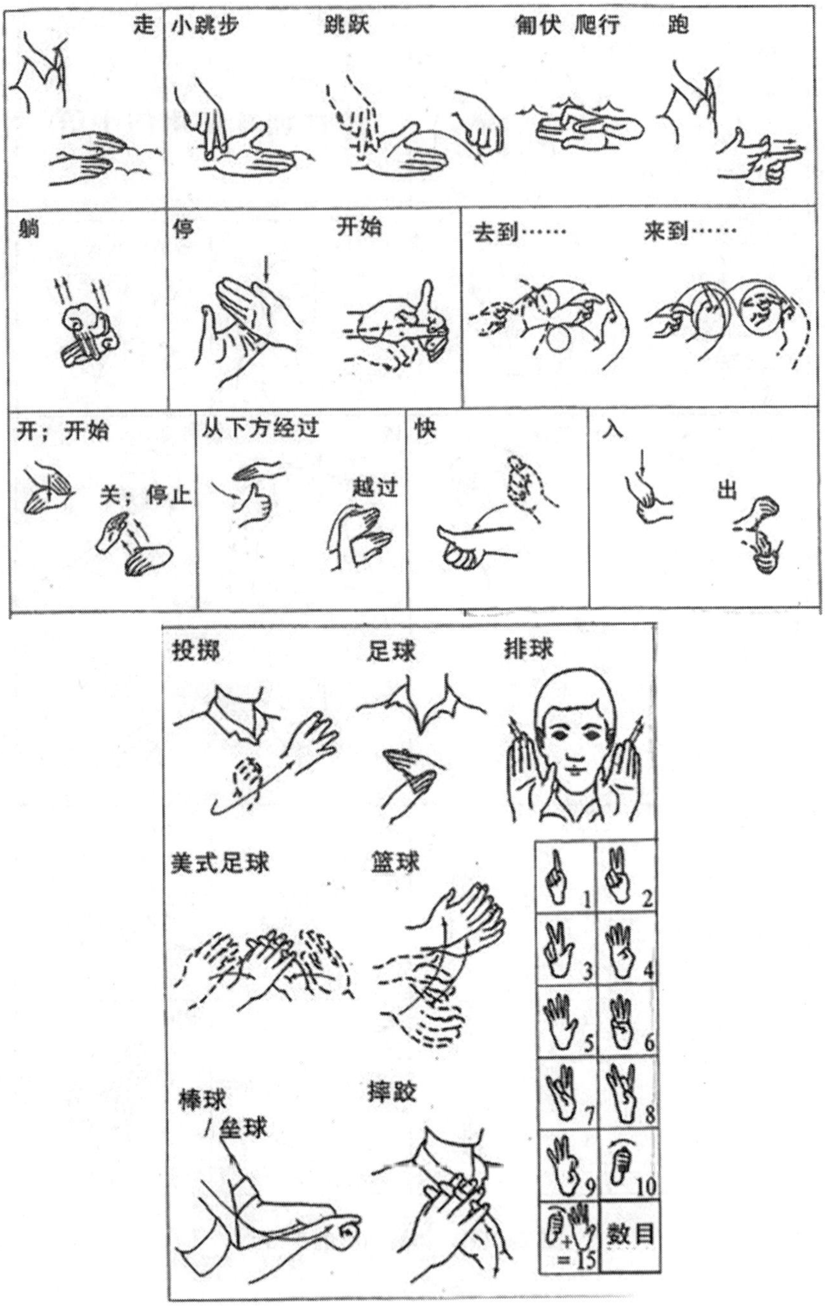

图 2-4(2)　体育训练的手语

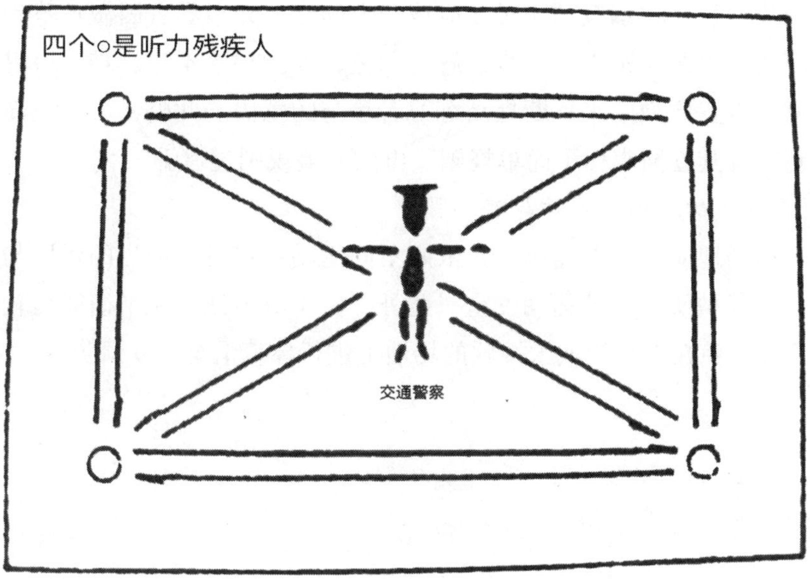

图 2-5 “交通警察指挥交通”游戏图

训练方法举例如下。

①头顶物品，走直线或走独木桥。

②用球拍托着球进行走或跑，可以以游戏方式开展，以提高练习者兴趣。

③选择适合练习者能力的体操、舞蹈和蹦床动作进行练习。

（二）听力残疾人的服务技巧

听力残疾人在体育训练过程中，常常因为沟通能力的限制而被孤立，或被教练忽视，以致无法与教练及时完整地沟通，无法取得训练成效。因此，在训练过程中，教练要特别重视与听力残疾人的沟通，以增进其运动表现。

1．合适的体育项目

对于听力残疾人而言，体育活动内容的设计应重视趣味化与细致化，但也需注意避免因为动作太简单而使练习者失去兴趣，可根据学校或社区的运动场馆与设施条件选择适合练习者的运动项目。

2．合理的训练指导

针对听力残疾人，在动作技能的教学与训练过程中，应该使用较多的视觉、运动感觉和触觉线索来指导，做到示范占主导地位，再结合手势语言或图片解说。在示范动作时，应该夸大动作，如指导者因做示范动作时无法同时做手语，则需要逐步讲解与示范，但指导语不宜过难，可以不断地重复，以正向鼓励来不断提高练习者参与的意愿。此外，可以先简化运动规则，待其逐渐掌握了简单规则，再向完整规则过渡。

3．安全的场地、器材与辅助器具

运动场地应该适度缩小，并依照不同运动项目设置适当的辅助与保护器具，以保护练习者的运动安全。此外，由于听力残疾人平衡能力较健全人差，应避免在不平坦或太柔软的场地上进行体育锻炼，以预防运动损伤。

第四节　肢体残疾人身心特点及体育需求

一、肢体残疾人的定义与分类标准

（一）肢体残疾的定义

现实中一般会把肢体障碍、肢体残疾和肢体缺陷当作三个含义相同的术语。2006 年，第二次全国残疾人抽样调查所使用的残疾标准对肢体障碍的定义是：因人体运动系统的结构、功能损伤造成的四肢残缺或四肢、躯干麻痹（瘫痪）或畸形等，导致人体运动功能不同程度的丧失以及活动或参与局限。本书沿用了这个定义。

（二）肢体残疾人的分类标准

（1）根据肢体残疾发生的性质和部位，肢体残疾可以分成三类。

①上肢或下肢因外伤、病变或发育异常所导致的缺失、畸形或功能障碍；

②脊椎因伤、病变或发育异常所致的畸形或功能障碍；

③中枢、周围神经因伤、病变或发育异常造成的躯干或四肢的功能障碍。

（2）第二次全国残疾人抽样调查所使用的残疾标准把肢体残疾分为四级。

肢体残疾一级：不能独立实现日常生活活动。

①四肢瘫：四肢运动功能重度丧失；

②截瘫：双下肢运动功能完全丧失；

③偏瘫：一侧肢体运动功能完全丧失；

④单全上肢或双小腿缺失；

⑤单全下肢或双前臂缺失；

⑥双上臂和单大腿（或单小腿）缺失；

⑦双全上肢或双全下肢缺失；

⑧四肢在不同部位缺失；

⑨双上肢功能极重度障碍或三肢功能重度障碍。

肢体残疾二级：基本上不能独立实现日常生活活动。

①偏瘫或截瘫，残肢保留少许功能（不能独立行走）；

②双上臂或双前臂缺失；

③双大腿缺失；

④单全上肢或单大腿缺失；

⑤单全下肢或单上臂缺失；

⑥三肢在不同部位缺失（一级中的情况除外）；

⑦二肢功能重度障碍或三肢功能中度障碍。

肢体残疾三级：能部分实现独立日常生活活动。

①双小腿缺失；

②单前臂及其以上缺失；

③单大腿及其以上缺失；

④双手拇指或双手拇指以外的其他手指全缺失；

⑤二肢在不同部位缺失（二级中的情况除外）；

⑥一肢功能重度障碍或二肢功能中度障碍。

肢体残疾四级：基本上能独立实现日常生活活动。

①单小腿缺失；

②双下肢不等长，差距在 5 厘米以上（含 5 厘米）；

③脊柱强（僵）直；

④脊柱畸形，驼背畸形大于 70 度或侧凸大于 45 度；

⑤单手拇指以外其他四指全缺失；

⑥单侧拇指全缺失；

⑦单足跗跖关节以上缺失；

⑧双足趾完全缺失或失去功能；

⑨侏儒症（身高不超过 130 厘米的成年人）；

⑩一肢功能中度障碍，二肢功能轻度障碍；

⑪ 类似上述的其他功能障碍。

二、肢体残疾人的生理与心理特征

（一）肢体残疾人的生理特征

肢体残疾人由于身体障碍导致外貌、体态、行动方式与健全人不同，再加上行动能力不佳导致行动受限，他们的身体素质和身体机能一般都比较差，较难适应日常生活和社会活动参与。

（二）肢体残疾人的心理特征

一般情况下，肢体残疾人（中枢神经损伤者除外）在听力、视力、认知、语言、思维等方面的心理特性与健全人并没有太大的差异，但因其身体外观上的缺陷和行动上的不便，再加上他人好奇的眼光和不合时宜的同情，他们很容易产生心理上的不安、自卑、自怜和自闭的现象，或在心理上处于紧张的状态，常有较大的不安全感。

三、肢体残疾人的体育需求与服务技巧

（一）肢体残疾人的体育需求

通过参与各类体育活动，肢体残疾人可以实现运动功能障碍的恢复和代偿，提高身体各方面的基本素质，进一步提高生活质量。肢体残疾人的运动功能障碍主要表现为肌力低下、关节活动度受限和运动不协调等。正是这些原因，他们通常在活动中不能与健全人一样完成动作，从而对体育活动失去兴趣，还有很多肢体残疾人因为害怕他人嘲笑而拒绝参与体育活动。因此，专业人员对肢体残疾人的积极引导非常重要，应想方设法激发他们参与的兴趣，并在参与体育活动时及时鼓励与支持，营造相互包容接纳的活动氛围。

1．学习基本技能和日常生活能力的需求

肢体残疾人参与体育活动，可以促进其关节、肌肉和身体素质的发展，以及学习和掌握运动技能，体育活动对肢体残疾人保持正确的姿势（站、立、坐）、完成一些基本动作（抓、握）以及在特定的环境中行走都是非常有用的。如头部和躯干控制练习，有助于肢体残疾人保持正确的姿势，培养肢体残

疾人的四肢运动能力和精细运动能力，提高肢体残疾人基本的日常生活能力。

2．社会交往和社会适应能力发展的需求

参与各类体育活动，肢体残疾人可以接触到各行各业更多的人群，通过与他们交流、互动，可以了解社会的各个方面，尽早摆脱肢体残疾的负面影响，从而更有勇气和信心融入社会。

（二）肢体残疾人的服务技巧

1．安排合适的体育活动

肢体残疾人大多存在着肌力低下、身体灵敏性差、行动不便、肢体抖动等现象，导致他们在参与活动过程中经常受到失败的打击。因此，应充分了解与评估他们的肢体障碍程度，根据他们的技能水平，选取合适的体育活动，以减少他们参与体育活动的顾虑，并提高后续参与的兴趣，让他们不断得到成功的体验。

2．提供足够的练习时间和机会

肢体残疾人在参加体育活动时，需要更多的协助和时间。给予肢体残疾人适当的练习时间和适时的协助，有助于提高其安全感。也可以邀请动作技能较优秀的同伴协助练习，与此同时，教练给予具体和明确的练习方式和指令，增多其练习机会。

3．提供安全的体育活动场地与器材

对于肢体残疾人来说，安全的体育活动场地与器材是他们参与体育活动的重要保障。因此，需根据他们的障碍程度对场地、环境和器材进行必要的调整，使得他们拥有更多的参与机会。例如，体育活动场地必须平坦，有台阶的地方应配备轮椅专用斜坡，以方便残疾人进出场馆；轮椅篮球训练过程中，可以对篮球的尺寸、重量和篮球架的高低进行适当的调整。此外，在他们进行体育活动时，应该对他们的障碍部位进行特殊照护，可穿戴护具或使用支架。

第五节　精神残疾人身心特点及体育需求

一、精神残疾人的定义与分级标准

（一）精神残疾的定义

精神残疾指出现各类精神障碍一年以上未痊愈，存在认知、情感和行为障碍，以致影响人的日常生活和社会参与的残疾类型。在精神残疾类别中，较为多见的是自闭症谱系障碍。自闭症又称孤独症或孤独性障碍，是广泛性发育障碍的代表性疾病。根据世界卫生组织所制定的诊断标准ICD-9修订版和美国精神医学协会制定的诊断标准DSM-Ⅲ，凡具备“在社会性互动、人际交流方面有欠缺，并在行为与兴趣上有着固执性与反复性”这两个特征的儿童，均被定义为“自闭症谱系障碍”儿童。在本节精神残疾各类别中，重点介绍自闭症患者的身心特点与向其提供体育服务的技巧。

（二）精神残疾人的分级标准

精神残疾的分级原则是对18岁及以上的精神障碍患者依据WHO-DAS Ⅱ值和适应行为的表现进行分级，对18岁以下精神障碍患者依据适应行为的表现进行分级。

1．精神残疾一级

WHO-DAS Ⅱ值大于或等于116分，适应行为严重障碍；生活完全不能自理，忽视自己的生理、心理的基本要求；不与人交往，无法从事工作，不能学习新事物；需要环境提供全面、广泛的支持，生活长期、全部需他人监护。

2．精神残疾二级

WH0-DAS Ⅱ值在106 ~ 115分，适应行为重度障碍；生活大部分不能自理，基本不与人交往，只与照顾者简单交往，能理解照顾者的简单指令，有一定学习能力；在监护下能从事简单劳动；能表达自己的基本需求，偶尔被动参与社交活动；需要环境提供广泛的支持，大部分生活仍需他人照料。

3．精神残疾三级

WHO-DAS Ⅱ值在 96 ~ 105 分，适应行为中度障碍；生活上不能完全自理，可以与人进行简单交流，能表达自己的情感；能独立从事简单劳动，能学习新事物，但学习能力明显比一般人差；被动参与社交活动，偶尔能主动参与社交活动；需要环境提供部分的支持，即所需要的支持服务是经常性的、短时间的，部分生活需由他人照料。

4．精神残疾四级

WHO-DAS Ⅱ值在 52 ~ 95 分，适应行为轻度障碍；生活基本能自理，但自理能力比一般人差，有时忽略个人卫生；能与人交往，能表达自己的情感，体会他人情感的能力较差；能从事一般的工作，学习新事物的能力稍差；偶尔需要环境提供支持，一般情况下生活不需要由他人照料。

二、精神残疾人的行为特征

行为异常是精神残疾人的重要特征，可能包括有不适当的情感或行为表现，无法与人维持适当的人际关系，或常有不快乐或抑郁的情形。情绪行为方面障碍的学生在学校经常被排斥或是忽视，不容易与教师、同学建立适当的关系；在家中也容易因为情绪或行为问题，造成家庭关系的紧张或疏离。

精神残疾发生的原因很多，分为内在因素（心理因素、生理因素、智力因素）和外在因素（社会因素、家庭因素、学校因素、文化因素、意外事故因素）。精神残疾人表现出行为方面的异常多分为外化型行为和内化型行为两类。其行为适应困难以外向性行为问题居多，内向性行为问题和不适当或怪异行为或习惯也占了不小比例。精神残疾人常伴有许多外向性行为问题，如反社会行为，攻击、破坏行为。精神残疾的学生常被看作学校的不定时炸弹，带给教师很大困扰。

有研究指出，精神残疾人在情绪上的不稳定和注意力方面的缺陷，容易影响其学习迁移和类化的表现，导致学习表现较差。此外，因其行为、思考模式异常，易造成学习上的不利条件，在长期低成就下，更容易自卑、焦虑，出现情绪失控等症状。

精神残疾类别中较大比例的是自闭症谱系障碍，是一种出现在儿童早期复杂的、异质性的神经发育障碍，其核心障碍包括在多种环境下持续性地出现社会沟通和交往缺陷，并伴有某些重复的行为、兴趣或活动。此外，大量自闭症谱系障碍儿童还存在动作技能发展延迟现象，并且这种障碍对于社交技能、适应性行为、沟通以及认知能力等方面产生不利影响。众多研究表明，运动干预不仅可以提升儿童的动作技能，还可以改善某些功能障碍。

三、精神残疾人的体育需求与服务技巧

（一）精神残疾人的体育需求

精神残疾人肌力、肌耐力、柔韧、心肺耐力的表现与健全人是相似的，但其在触觉防御、粗大动作、精细动作、手眼协调以及身体协调方面是有障碍的，比较普遍地存在感觉统合失调、触觉防御失调、注意力不集中以及多动等状况。因此，作为专业指导人员，在设计体育活动方案时，应首先考虑精神残疾人的主要障碍特征以及身体素质发展需求，可以选择走路、水中活动、渐进式阻力训练和固定式脚踏车练习等训练方法。精神残疾者在体育活动目标设定时，精神残疾人与健全人虽无太大差异，但由于精神残疾人在活动过程中参与配合程度较低，或容易因为活动设计而显得亢奋或沉闷，抑或是在合作学习分组活动的过程中发生同侪间的冲突，因此目标设定要具有针对性。指导员应做好事前的活动方案规划设计，在指导过程中严密掌控和随时协调。

（二）精神残疾人的社会交流与沟通需求

扩大精神残疾人社交范围，活动安排的目的往往是借助活动建立人际关系，指导者要协助精神残疾人察觉当下的情绪，协助其进一步分析此情绪产生的原因，并帮助他们认识什么是可接受的行为，对其不当行为应表示不满。精神残疾人只要经历过一次成功的社交活动，就能从和他人或环

境的正面互动中获得良性刺激。因此，在指导过程中，指导者应提供精神残疾人与伙伴的互动机会，并在过程中给予协助。对于精神残疾人来说，最严重的问题在于他们缺乏友谊与接纳，因此与健全伙伴建立积极的关系是其融合到主流环境的先决条件。

社交技巧训练是治疗精神残疾的重要介入方法之一，而体育活动中的人际互动则是相当有效的。指导者可在活动中安排两人互动，但仍然需要随时给予协助，尤其是认知取向的社交技巧训练，可运用后设认知的自我管理方式（自定标准、自定作业、自我评鉴、自我教导、自我监控、自我处罚、自我增强、自我规划）与示范法、角色扮演回馈与增强等方法，除了较符合精神残疾人的学习特性外，也可以提升他们将所学习的社交技巧类化到不同情境的能力。

（三）精神残疾人的服务技巧

1．自我教导

自我教导策略应用在特殊教育上已有许多成功经验，其运用对象与领域较为广泛，有许多研究都证实，自我教导策略可以帮助学生控制自己的行为。指导者在示范时除了指导行为外，还需要提供内在的语言鹰架供学生练习，通常一个功能性名词和动词就能帮学生达成行为改变的目的。当然，让学生发展自己的句子，会比指导者给予句子要好一些。学生使用适合自身能力的功能性口语，持续不断练习与建立自我教导的步骤与流程，即可达到类化的效果。

2．同侪教导

研究表明，精神残疾人的不当行为如果能在团体活动中采用正向同侪影响，将有助于每一个精神残疾人在团体中的适应，并有效降低问题行为发生率。美国的研究成果也证明，在融合活动中，同侪教导特殊学生学习，并适时给予心理支持是一种不错的教学策略。例如，让同侪上台带领其他同学做暖身操就是一种同侪教导。

3．弹性修正规则

精神残疾人大部分的身体动作技能都比健全人低，在动作训练的安排过程中，指导者可针对个体的能力水平，改变动作的难度（如缩短走、跑距离，降低障碍物高度）、加大器材接触面（如把羽毛球拍的拍面加大）

或将比赛规则尽量简化。

4．视觉、肢体、口语提示

针对不同对象的学习特质，指导者可采用不同模式的提示，包括视觉、触碰肢体、口头协助等，或者使用符合服务对象认知水平的图片来呈现活动规则，协助服务对象集中注意力在活动内容上，避免在思考和感觉上分心。另外，指导老师通过适当使用肢体引导的技巧，引导服务对象的肢体做动作，可以确保动作执行过程的顺序性，并且可以增进服务对象空间和时间方面的感知。在动作学习时，指导者在动作示范之外加上口头说明，可让服务对象有清楚的运动表象和正确的口语认知，所接受的讯息较多，更能把握整个动作的历程。口语指导时，要明确精简，避免有含糊不清的语句。

5．放松训练

适度放松可以舒缓服务对象紧张焦虑的情绪。当服务对象处于情绪不稳定状态时，指导者不必急着解决问题，而是帮助其通过自我控制技术的呼吸法来消解肌肉紧张，服务对象借由控制肌肉来达到对心理状态的控制，进而发展选择性注意及自我控制能力，并产生与外界的联系与人际互动，增进学习能力。

思考与讨论

1. 智力残疾人的生理与心理特征分别是什么？
2. 视力残疾人的分类标准是什么？
3. 听力残疾人的体育需求是什么？
4. 肢体残疾人的心理特征是什么？
5. 根据精神残疾的行为特征，论述其体育需求与服务技巧。

第三章

残疾人体育服务基本礼仪与通用技巧

本章导读：很多时候，一个社会的文明程度，是以如何对待弱势群体，尤其是残疾人来彰显的；一个社会的温度，是以如何关怀那些生活不幸的人来衡量的。要做好残疾人的体育服务，就必须了解残疾人希望我们如何与他们相处。本章将从残疾人服务伦理、服务礼仪以及服务技巧等方面进行讨论，并帮助大学生了解无障碍环境的基本知识，使之更加务实高效地开展体育助残志愿服务。

第一节 残疾人体育服务伦理

在残疾人的体育服务过程中遵循一定的伦理要求，不仅可以维持服务机构运作体制上的稳定，协助服务机构顺利有效地开展业务，还可以增进人与人之间的和谐互助关系。提倡残疾人健身指导中的服务伦理，是对各类残疾人公民权的最大尊重的慈善行为，体现对残疾人自我决定的尊重、了解、接纳，完美诠释了“公平”“正义”“信任”等词语的深层含义。

伦理是人与人互动时的一种规范，一种准则。伦理是人类道德的原理，是一种规范人类的思考、言行与社会关系的理想道德标准，其目的是使人类社会达到真善美的境界。

“伦理”的“伦”，是指人伦；“理”，是指道理，也就是人与人之间合理的行为。例如，五伦之中的“君臣有义”。现在将伦理用于服务，就是指专业服务人员与服务对象之间合理的行为。在专业服务过程中，服务人员有机会知道一些不为人知的秘密，如别人的一些隐私；因此服务的伦理更应该受到重视且需要不断地被提醒或要求，千万不能因为服务人员的疏忽，造成无法弥补的伤害。本节中我们将共同探讨残疾人体育服务伦理的议题。

一、残疾人体育服务伦理的概念与范畴

伦理原则通常与公正、公平、权利、自由、平等等观念相关，这些观念又互为联系。例如，你的伦理原则也许完全取决于你个人所认知的公正，这与你认定的公平相关；而公平又必然取决于有关个人自由、社会平等或机会平等等问题。下述几点通常被视为伦理原则的要素。

（1）平等地考虑人们的利益和价值观；

（2）需要真诚和真实；

（3）需要提倡公平；

（4）必须不偏不倚地行事；

（5）以一致的方式普遍实践道德准则。

在志愿服务体系中，用来规范或说明参与志愿服务的志愿者之间行为对错的准则，就是志愿服务的伦理。

基本上，伦理是人与人之间合理的行为。通常，服务人员在参加志愿服务的过程中，必须接触的人至少有：服务对象、使用单位相关的人、志愿者伙伴、社会大众，还有自己的家人。

残疾人体育服务的伦理并非一成不变，但应包含两个层面：一为志愿者伦理，二为志愿者管理人员的伦理。但无论是哪一类型的人员，在服务伦理上，最重要的一点都是谨守本分。在参与服务时，学习分工合作，融入团体生活；在提供服务时，让自我成长，并学会尊重每一个人。简单概括，所谓遵守残疾人体育服务伦理，就是不管有没有第三方在场，有没有第三方看见或听见，我们都会这么做，这么说，这么表现。

二、残疾人体育服务伦理的必要性

伦理是一种传承，它不仅可以维持健康的人际关系，还可以使人了解本分为何，让所有事情更有效率。专业服务必须讲究伦理，其主要理由有两点：第一是为了维护服务对象的权益。志愿服务的本质是服务、利他，在积极面，必须规定服务人员以服务对象的最佳利益作为优先考量；在消极面，则应规定服务人员不得伤害服务对象的权益。第二是为了提高专业服务的效果。无论是服务哪一类残疾人，都必须根据服务对象特点，尽最大努力让他们以自己能接受的方式获得体育活动的权利，并从中获得健康、尊严和快乐。

三、残疾人体育服务的人际交往与伦理要求

（一）服务人员与管理者之间的伦理

服务人员与管理者之间的关系，可以说是服务人员所面临的各种社会

关系中的基础，决定了服务人员的法律地位。服务人员与管理者是完全处在平等和相互尊重的法律地位上的。服务人员以管理者制定的规章制度或活动规则作为唯一的行为准则，平等地享有权利和履行义务。任何一方怠于履行义务或故意造成对方利益受损，都必然要承担违约的法律后果。服务人员对于管理者应有的伦理包括以下几项。

1．认真做事，追求卓越

敬业是创造价值的基础，服务人员必须对自己职责范围内的工作有很强的事业心、责任感和主人翁意识，并要自觉地、积极地、主动地去做，唯有如此方能取得成效。

2．准确领会，配合管理

服务人员必须对管理者制定的目标任务、责任范围了如指掌，必要时调整自己工作的次序，使自己的目标融入管理者的目标，这样才能在实际工作中有“法”可依、有的放矢。

3．勇于担当，谦虚谨慎

服务人员一旦承担下来管理者交办的任务，就要善始善终，尽职尽责。同时，服务人员还要谦虚谨慎。当工作中出现一些差错或过失时，首先要诚恳地接受批评，并勇于承担责任。

4．事先请示，事后汇报

事先请示，即服务人员在工作中有好的或新的想法时，应及时向管理者汇报，从而可以得到管理者的支持，有利于工作的进程；事后汇报是指某个工作任务完成后，就要立即完整地向管理者报告，以便让管理者对工作的进展情况有全面的掌握。

5．服从领导，保留意见

组织一旦做出决策，服务人员就要不折不扣地加以执行，有不同意见，可以保留，适当的时候也可以向管理者反映。但是按照组织原则，下级要服从上级，这是管理原则，也是为了工作的顺利开展。

（二）服务人员与服务对象之间的伦理

服务人员的工作，主要是关怀残疾人，提供专业的体育服务。服务人员对于服务对象应有的伦理包括以下几项。

1．诚心提供服务

在人生的特殊时期，所有人都有可能遇到无法克服的障碍，所以服务人员对于服务对象，应该将心比心，真心关怀，热诚付出，及时伸出援手。

2．尊重自我决定

体育服务是一种助人的工作，也就是由服务人员从旁协助服务对象析解疑难、处理问题。既然只是从旁协助，就不适合替人决定，而应尊重当事人的意愿。

3．避免伤害自尊

每个人的生命都是可贵的，每个人与生俱来的人格尊严都应该受到尊重。因此，服务人员在服务过程中，应该全力维护服务对象的尊严，避免伤害他们的自尊。服务人员提供服务时，应该大公无私，平等对待，客观超然，就事论事，绝对避免感情用事。

4．避免侵害隐私

服务要有成效，在服务人员与服务对象之间必先建立互信的关系，而互信的前提条件就是尊重双方隐私。一方面，服务人员没有必要向服务对象诉说私人的事情；另一方面，服务人员也不应介入服务对象的私事。

（三）服务人员之间应遵守的伦理

现代的专业服务，讲究团队作业，服务人员常需要与其他同伴一起服务，因而伙伴之间也有一定的伦理。

（1）相互尊重。

（2）凡事沟通协调。

（3）避免私事介入。

（4）避免争功诿过。

总之，服务人员在服务过程中，应不断充实自我，这是遵守服务伦理的最佳方法，经常自我审查与接受教育培训也是培养服务伦理精神的好方法。此外，服务人员要做好自我压力管理与调适，相信自己的服务能使社会变得更美好。

第二节　残疾人体育服务的基本礼仪

礼仪最基本的原则是：平等、尊重、真诚。这也是专业服务的基础。尊重是内心对人性的敬意，是一种情意；外在表现为得体的礼仪。发自内心、诚挚、自然的真情流露是更为重要的。在各类残疾人的体育服务过程中，特别需要强调特殊的服务礼仪。

不要用“正常人”一词称呼非残疾人，一般使用“健全人”或“普通人”一词与残疾人相对应。对残疾人最大的尊重，就是像对待健全人一样真诚、自然地与其交往。

在服务残疾人士之前，志愿者要尽可能地学习一些专业知识，了解他们在行为、心理及性格上的特殊性，对他们普遍存在的问题有一定的了解。服务残疾人，沟通是非常重要的环节，要做到：征求意愿、了解需求和尊重文化。征求意愿本身就是一种尊重，真诚的态度可以了解真实的需求，在尊重文化的基础上，做出恰如其分的反应并且提供帮助或者支持。

服务各类残疾人的步骤应当是：一看、二问、三听、四助。体现在礼仪方面包括：倾听要求，征得意见，适度服务，语言尊重。

一、服务残疾人的通识礼仪

(一) 接纳残疾人

志愿者与残疾人初次见面，在交谈时要注意不谈不相关的话题，不该问的个人隐私话题不去问，不谈与服务对象本身残障有关的话题，还要注意文化差异。有些残障人士口齿不清，不善于控制自己的情绪，对这样的服务对象，志愿者首先要了解和接纳他们，进而理解他们，用他们的拼搏精神激励自己，只有这样才能发自内心地尊重他们，才能为他们提供热情的服务。

（二）注意交往举止

志愿者不要过多注视残疾人的残障部位，更不能嘲笑他们因残疾而造成的非常态言行举止。志愿者与残疾人交谈时应以信任、友好的心态和举止对待他们，并注意自己的语言表达速度与内容适当。志愿者要了解各民族和国家的风俗忌讳和宗教信仰，避免造成无意的伤害或误会。

（三）不要过分全面提供帮助

残疾人在长期生活实践中，大多已建立起属于自己的独特生活方式，并且可以自行处理一些日常生活事务。从这个角度讲，志愿者的帮助，更多是体现服务方的善意和关心，所以这样的帮助，必须首先征得残疾人的同意与配合，切不可强行或过分热情地提供服务。

（四）要使用正面称呼

在称呼上一定要做到尊重，在称呼的口气、语调上要亲近、亲切。对不同类型残疾人应使用正确的称呼。比如，对待盲人，应称之为视力残疾人而不能叫“瞎子”；对聋人应称之为听力残疾人而不能说“聋子”；对小儿麻痹症人士应称之为肢体残疾人而不能说“瘸子”；对重度肢体问题人士应称呼使用轮椅的人士，而不能说某人是坐轮椅的；对于智力问题人士应称之为智力残疾人而不能叫“傻子”“呆子”，诸如此类。当然，有些约定俗成的习惯用语如“盲人按摩”“盲人足球”等，仍可延续使用。

（五）公共场所基本礼仪

凡是有视力残疾人朋友在场，出于礼貌和对他们的尊重，请尽最大可能地对现场情况、他们面对的主要人员进行描述，使其对环境有充分的了解，使他们能很快地融入即将参与的活动之中。如有视力残疾人朋友在场，请及时将大家交谈的内容转达给视力残疾人朋友，免得引起猜疑或误解。与视力残疾人朋友交谈时，应微笑地提前打招呼，多注视他的眼神和手势，如看不懂他的手语，可进行笔谈。服务人员还应熟悉无障碍环境。

和肢体残疾人谈话，除了要特别注意回避与其生理缺陷有关的词语和内容，一般情况下，不要谈及有关残疾的事情，就像和健全人交往一样，使其感到人们并没有对其另眼相看。如果无法避免谈及残疾人的事情，就多谈一些正面的话题。

二、各类残疾人的体育服务礼仪

(一)面向肢体残疾人的体育服务礼仪

(1)尊重肢体残疾人。无论他们肢体残疾程度如何,或是因残障行动艰难,甚至行动怪异,作为服务人员都要接纳他们,尊重他们,进而理解他们,为他们提供热情周到的服务。

(2)与之交往时,要充分理解对方,谈及运动和出行的话题须谨慎。

(3)要了解肢体残疾人的残疾状况及使用器械的情况,有针对性地提供服务。

(4)事先应征求肢体残疾人的需求,而后才能决定是否需要提供帮助,当提供帮助时应主动、耐心、细致。

(5)引领肢体残疾人行进时,应选择最短路线,行进速度快慢适宜。出入无人服务的电梯时,引导者应先入后出。出入有人服务的电梯时,引导者则应后入先出。进入电梯内,引导者应靠边侧站立,注意不要背对服务对象。电梯轿厢内安装有镜子时,引导者应表情自然,站立端正,不东张西望。出电梯时,引导者在轿厢内按住电梯按钮,使门保持敞开状态,用手示意请服务对象先行,然后跟出。

(6)服务人员要特别注意不要过多地注视肢体残疾人的残障部位,更不能嘲笑他们因残疾而造成的非常态的举止行为。

(7)当与使用轮椅的肢体残疾人交谈时,如果时间超过一分钟,服务人员最好采用蹲姿与其谈话,此时双方的目光在同一水平线上,体现彼此之间的尊重。不要倚靠肢体残疾人的轮椅或者其他辅助设备,以免使轮椅移位;不要拍轮椅使用者的头或者肩,用居高临下的方式向他们表示友好;没有征得同意,不要帮助他们推轮椅。

(8)对失去双臂的残疾人而言,他们在长期的生活实践中练就了一套独特的自理方法,服务人员要特别注意适度地帮助。特别要强调的是,面对这些残疾人,除非他们提出具体的求助方式,否则在帮助他们就餐时只要询问他们需要什么餐具,残疾人最忌讳别人喂他们吃东西。

(9)要了解、熟悉周围的环境,尽可能为肢体残疾人提供无障碍服务。

（10）尽可能了解与掌握肢体残疾人需要使用的辅助器械（轮椅、拐杖等）的性能与操作方法，服务到位，让他们行动自如。

（二）面向视力残疾人的体育服务礼仪

（1）第一次见面可以尽量多地告知对方关于自己的信息，让对方有信任和安全感。

（2）来到他们的身边和离开他们的身边一定要有声音或动作示意。

（3）谈话时语调应诚恳而低沉。视力残疾人一般比较拘谨，切勿大声疾呼或突然向其握手和拥抱使其受到惊吓。和其他人说话的时间不要过长，免得把服务对象晾在一边让其无所事事。

（4）凡是有视力残疾人在场时，出于礼貌和对他们的尊重，请在场的人员做个简单的自我介绍，使视力残疾人可依据声音来辨别现场的人员。同时请尽最大可能将现场情况、他们面对的主要人员进行描述，使他们能很快地融入即将参与的活动之中。

（5）尽量勿让视力残疾人独处。让视力残疾人等待的时候一定要让他们有所倚靠，而不是让他们觉得孤苦伶仃，以免产生广场恐怖症。

（6）与视力残疾人握手前应首先进行语言提示；如果视力残疾人伸出手，应主动相迎；当两位视力残疾人需要握手时，服务人员要及时提示他们，必要时帮助他们互相握手致意。

（7）遇到两位及以上视力残疾人时，不仅要和认识的视力残疾人打招呼，也要与不认识的视力残疾人打招呼。

（8）在引领视力残疾人时，一般自己不走盲道，引导动作要规范，要注意他们的习惯。

（三）面向听力残疾人的体育服务礼仪

（1）在活动场所，如有听力残疾人在场，请以信任、友好的心态和表情面对他们，消除他们自卑、戒备的心理，对于听力残疾人的困难要给予及时的帮助。

（2）与听力残疾人交谈时，应微笑地提前打招呼，多注视他们的眼神和手势，如看不懂他们的手语，可进行笔谈。

（3）与听力残疾人交谈时，尽量直截了当，避免用晦涩、幽默或说反话等方式与他们交流，免得引起误解，真诚、坦诚是与听力残疾人沟通的根本。

（4）服务人员可以参加手语社团学习一些手语用法，力求准确打出规范手语，方便与听力残疾人的交流。

（5）在信息时代，听力残疾人也在广泛使用手机短信进行社交联络，当给他们发送短信时，要特别注意言简意赅和用语礼貌。

特别提示：

打手语时特别要注意准确性和表情的配合，因为部分手语打法可能相似，如果没有特定的表情配合，会产生歧义。例如“等一等”和“活该”的手语，打得不准确就容易造成误解；这两个词的手语所配合的表情也大不一样，要表达“等一等”时一般面带微笑，而表达“活该”时，肯定是生气、愤怒的表情。

（四）面向智力残疾人的体育服务礼仪

服务人员应尊重智力残疾人，尽一切可能帮助他们排忧解难。对智力残疾人提供帮助更需要细心、耐心和爱心。智力残疾人由于智力发展程度的不同，会出现各种的行为或言语障碍，服务人员要用爱心和耐心化解障碍。

（1）与智力残疾人中的言语障碍者交往时，可以配合用体态语与其交流。

（2）智力残疾人出现言语与复杂认知障碍时，服务人员可以事先制作简单的图示卡片用于沟通，如向其出示饮水、毛巾、卫生间、休息室、不同水果等图案，对方看到自己所需的标识时会有表示和反应，表现出高兴的神情，这样就能够满足智力残疾人所需，达到帮助的目的。

（3）重度智力残疾人在生理协调与控制能力方面存在障碍，可能出现大小便失禁，或者由于紧张在卫生间将自己的衣裤弄脏，服务人员要充分理解他们的难处，并采取合适的方式帮助其解决问题。

（4）智力残疾人由于自理能力较差，需要相对固定的服务人员提供近身服务。但是否需要完全协助则视具体情况而定。

（5）服务人员在为智力残疾人提供帮助前，要尽可能了解他们的生理、心理特点以及需求，做好预案的策划、准备与演练，特别是需要特殊服务的环节不能漏过。

人本身就是多样性的，没有哪一种人是完美的，残疾人是社会生活中的一分子，残疾只是人的多样性的一种体现。用使对方感觉舒适的方式去为需要帮助的人提供服务，是专业指导追求的目标。

第三节 残疾人体育指导的沟通技巧

沟通是人类的基本特征和活动之一，是人与人之间信息、情感和态度等的双向的交流活动。在日常工作、生活中，我们所做的每一件事情都是在沟通。同样，服务人员的工作更离不开与他人的沟通。残疾人体育指导工作能否取得成功，与其说在于服务人员与服务对象之间交流沟通的内容，不如说在于交流沟通的方式。要成为一名成功的指导者，取决于服务对象认为其所解释的内容可靠而且合适。要使沟通顺利开展，就需要一定的沟通技巧。特殊体育服务沟通技巧，是指服务人员在志愿服务工作中采用多种手段，通过最合适的方法与服务对象交流，以达到彼此相通的目的。

一、语言沟通

1．沟通前的心理准备

服务人员在与服务对象沟通之前，要有一个心理准备的过程。如果服务人员具备良好的心理素质，调整好心理状态，就可以较好地与他人沟通，促进服务工作的顺利完成；反之，如果存在不正确的心态甚至心理障碍，就会妨碍服务工作的进行。因此，保持热情、自信、健康的心理状态，对于服务人员而言是十分重要的。

（1）建立信任感。在沟通前多花些时间和耐心了解服务对象的需求。对于沟通对象所存在的各种差异，无论是文化、社会经济地位还是年龄方面的，在两颗愿意相互信任、相互接近的心灵面前都会显得不那么重要。

（2）树立正确的沟通意识。在沟通中很重要的是要创造有利于沟通的态度和动机，把心敞开，也就是常说的沟通从心开始。拥有良好沟通意识的人时刻准备着与他人进行有效的沟通，在沟通时与对方坦诚相待，态度诚恳。

（3）具备良好的沟通风格。良好的沟通风格使我们很坦诚地面对生活，很有人情味地分享彼此的观点，以人为本位，给人以关怀，在语言互动过程中享受自由、和谐、成功的美好体验。沟通双方如果沟通的风格相距千里，很可能在交流时产生很强的排斥力，甚至在局部问题上无法沟通。例如，无论在工作中还是在生活中，都可能遇到一些特别自信、能力强、居高临下的人，他们习惯于扮演教师、权威、家长的角色，喜欢别人依赖他们，与这样的人沟通会产生压迫感，从而给沟通造成了障碍。

（4）掌握沟通的基本原则。服务人员之间的沟通，要把握三个基本原则：第一，要相互尊重，谦逊地表达；第二，要宽容理解，控制情绪，合理表达不同意见；第三，要清楚地说明服务目标、地点、时间、对象、要求等信息。与服务对象沟通时，服务人员应掌握四个原则：第一，与小孩沟通时，不要忘记他们的天真；第二，与青年沟通时，不要忘记他们的冲动；第三，与老人沟通时，不要忘记他们的自尊；第四，与残疾人沟通时，不要忘记他们的情绪。

2．语言沟通技巧

（1）展开话题的技巧。展开话题前，可以先观察一下对方的行为、态度。如果对方有微笑、有眼神接触以及面部表情自然，则表示可以交谈。如果对方正在忙于某些事情，或正与别人谈话，或正赶往别处，则表示这时谈话时机不成熟。

（2）恰当地提问。

邀请式：例如，“你今天的这套拳打得很好。”“祝贺你取得了胜利。”

提问式：例如，“你明天还会来学健身操吗？”

恰当地提出问题，可以帮助彼此找到共同的话题。在实际交往中，采用开放式问题、中立性问题、一般性问题、探索性问题和非语言问题比封闭式问题、多重性问题或引导性问题更能促使交谈进行下去。如“你什么时候开始练习太极拳的？”（开放式问题）就比“你对明天的太极拳比赛有把握吗？”（封闭式问题）更能展开话题。

（3）应避免的11种沟通方法。应避免使用下面三类11种沟通方法。①傲慢无礼型：评价，安慰，扮演或自我标榜为心理学家，讽刺挖苦，过分或不恰当地询问；②发号施令型：命令，威胁，多余的劝告；③回避型：

模棱两可，保留信息，转移注意力。

（4）维持话题的技巧。聆听：集中注意力，保持专注。留意对方说话时的内容及语气，可能会帮助了解对方的感受或言外之意。记住对方话语中的一些重要字眼和资料，之后便于有针对性地回应。

回应：在谈话时，简单总结对方的内容，讲出对方的感受及观点，表示已明白对方感受和话语背后的含义，对方会更喜欢和你倾谈，也能够促进彼此了解。

二、非语言沟通

在语言产生之前，非语言沟通是人类唯一的沟通方式；而在语言产生并成为人类主要沟通方式之后，非语言沟通不但没有被人类摒弃，反而得到了进一步的丰富和推广。人们在沟通过程中，通常会同时运用语言和非语言两种工具，尤其是在面对面的沟通场合中，更会伴随着大量的非语言信息。人们可以通过解析对方表情、姿态、动作等非语言信号获得许多语言之外的有价值的信息。可以说，单凭语言获得的信息是残缺的、片面的、抽象的，只有结合丰富多彩的表情、姿态、动作，才能获得充分的、全面的、形象的信息。

按照非语言沟通信息传递的介质分类，非语言沟通可以分为副语言沟通、肢体语言沟通、面部表情语言沟通以及环境语言沟通。

（一）副语言沟通

副语言是指有声音但没有具体意义的辅助语言，包括说话者的音质、音调、语速以及停顿和叹词的应用，如所谓的抑扬顿挫等。副语言虽然有声音，但因为本身没有具体的语义，所以不能称为语言。

副语言沟通方式中，与语言沟通必然相伴相生的、最为密切的是声音的声幅、音质和音调等。其中有先天的因素，如嗓音音质的不同，有的声音非常动听，有的声音则比较刺耳；也有后天的因素，如说话的快慢和节奏、声音的高低、音量的大小、声音的变化、发音的准确程度、停顿的使用等。

此外，还有一些特殊的音节，如“喔”“噢”“哎哟”“嘀”等，虽然自身没有确定的语义，但在语言沟通中配合使用，具有补充作用。

同样的一句话，通过不同的音质和语调说出来，会表达出不同的意思。比如“你真聪明”这句话，可以是热情褒奖，也可以是冷嘲热讽。因此，志愿者在与服务对象沟通时要善用副语言，以获得更好的沟通效果。

（二）肢体语言沟通

肢体语言是非语言沟通的重要组成部分，它是一种无声的、广义的语言。肢体语言作为口头语言和书面语言的补充形式，可以帮助人们获得更好的沟通效果。善用多种形式的肢体语言可以提升志愿者服务工作的效果。

肢体做动作时，放松自己，自然而然轻松移动。站立时，抬头挺胸，肩膀放平，双腿伸直，精神倾注。切记不要双臂环抱，两手交叉，这些都是封闭和防御的肢体语言，最自然的方式就是两手自然下垂。就座后保持良好的坐姿，脊柱推直，上身略微前倾，手可放置在座椅扶手上，不要随意滑动。

身体接触式沟通是肢体语言的一种，双方通过身体某些部位的接触，传递某种沟通信息，最典型的应用是握手、拍肩膀、拥抱等。

握手是目前沟通交往中最常见的礼仪，握手时的手部力量、姿势和时间长短均能传递不同的信息。

拍肩膀常见于长辈对晚辈或领导对下属表示关爱、信任、鼓励、交代任务的场合，是上下齐心、关系融洽的表现。

拥抱在中国常见于亲人、恋人之间，而在西方国家，这是一种非常常见的社交礼仪，以至于各国政要在正式场合见面的时候，即便持不同政见，也会拥抱乃至亲吻，以此表明坦诚和亲密。

（三）面部表情语言沟通

面部表情语言，即通过五官的动作形态传递信息。美国学者研究发现，单是人的脸，就能做出上万种不同的表情。由于面部表情往往是心灵最直接的反映，因此也是最容易用来解读、交流双方真实想法的非语言因素。所谓察言观色，就是通过关注、分析别人的言语和面部表情及其变化，揣摩、把握别人的内心世界和真实观点。谈话时要轻松自然，记得时常保持微笑。微笑表示友善和礼貌，皱眉表示怀疑和不满。

（四）环境语言沟通

环境是沟通必备的要素，所有的沟通必然都发生在特定的环境中，同时，环境又是沟通的工具，通过时间环境、空间环境也能进行信息和情感的交流。

1．时间环境

在志愿服务沟通中，沟通时间的确定，反映出沟通主体对于沟通事项及服务对象的微妙态度。此外，服务人员是否准时，也流露出对于沟通的重视程度，以及服务人员的个人素养。

2．空间距离

空间距离是非常重要的环境语言，不同的空间距离能够表达不同的意义和情感，甚至能够反映出不同的信仰、文化背景。例如，当你参加一个培训，你对位置的选择反映了你在班级的角色定位，如果你坐在比较显眼的地方，与其他人的距离比较近，那么你就在传达一个积极参与的信息；如果你躲到无人的角落里，那么你就是在无声地告诉周围的人："我只想做一个旁观者，你们不要注意我。"

三、服务过程的沟通原则与技巧

在服务人员工作的过程中，沟通是非常必要的。有效地沟通可以使工作事半功倍，获得让服务对象满意的效果。因此，服务人员必须要掌握沟通的基本原则与技巧。

（一）有效沟通原则

有效沟通原则主要有三条：①妥善运用沟通的三大要素：对象、环境（场合）与内容；②信息明确；③及时沟通。

（二）有效沟通技巧

1．创造良好的沟通环境

在沟通中多用描述性语言而不能多用判断性语言，与对方共同寻找解决方案而不是试图控制对方，要设身处地为对方着想，不妄下结论，以行动强化语言，才能真正产生沟通效果，达到沟通目的。

2．学会适当提问

在沟通过程中，最好做到80%是倾听，其余20%是说话，而20%的说话中，提问又占了80%。以提问而言，越简单明确越好，答案非是即否，并以自在的态度和缓和的语调为之，这样一般人的接受程度都会极高。

3．学会聆听与回应

在交谈中，要全神贯注，保持专注和聆听。做一个好的聆听者，留意对方说话的内容和语气，了解对方的感受和言外之意，并记住对方倾谈的重点，适时给予有针对性的回应，以示对对方的尊重，使对方体会到自己的价值，这样对方会更愿意与你交流。有效聆听的要点：①少讲多听，不要打断对方的讲话；②交谈轻松、舒适，消除拘谨不安情绪；③表示有交谈兴趣，不要表现出冷淡或不耐烦；④集中精力，尽可能排除外界干扰；⑤站在对方立场上考虑问题，表现出对对方的理解；⑥要有耐心，不要经常插话，打断别人的谈话；⑦要控制情绪，保持冷静；⑧不要妄加评论和争论；⑨提出问题，以显示自己充分聆听和愿意了解的心境。

4．尽量使用通俗易懂的语言

在沟通中应使用接收者最容易理解的语言。表达不同意见时，用“很赞同某一些意见，同时不同意另一些意见”的模式。即使并不赞同对方的想法，也要仔细倾听对方话中的真正意思。若要表达不同的意见，最好说：“你的意见，我觉得有道理；同时，我有另一种看法。”“我赞同你的观点，同时……”尽量不用“可是”“但是”，这两个词会中断沟通的桥梁。

5．学会“韧”性沟通

与服务对象沟通时，要有锲而不舍的精神，抓住沟通中的每次机会、每个细节，进行反复沟通，深入沟通，直到达到沟通目的。

6．重视沟通细节处理

沟通细节包括声调、语气、节奏、面部表情、身体姿势和轻微动作等。一方面，服务人员应给予对方合适的表情、动作和态度，并与所要传达的信息内容相配合。另一方面，服务人员需要给予对方的口头语言和身体语言以灵活机动的反应，以满足沟通对象的需要。

7．沟通的技巧

沟通时难免遇到对方误解，甚至双方会出现不满的言语，如“你都不理解我说的话！”“你都不替别人着想！”“你知道你的问题出在哪里吗？”等。当双方出现误解或沟通障碍时，应如何处理呢？人们在沟通时，尤其是情绪发泄（抱怨、愤怒等）状态下，都会表达出指责与不满。当用“你”

作为开头时，会把说话者心中的指责意味表露无遗，促使对方急于为自己辩护，自己把沟通的大门关闭，从而引发争执。提到自己感受的时候，如果将“你”调整为“我”作为主语，将会带来不同的结果。这样会准确地表达出自己的感受，引起正向注意，让对方不会有被审判的感觉，促使双方开始沟通。

（三）沟通中的禁忌

1．忌争辩

理解对方对问题的不同认识和见解，容许对方讲话，发表不同的意见。

2．忌质问

理解并尊重对方的思想与观点，要知道人各有志，不能强求，切不可采取质问的方式与对方谈话，如“你凭什么说……”“你有什么理由说……”等。

3．忌命令

采取征询、协商或者请教的口气与对方交流，切不可采取命令和批示的口吻与人交谈。

4．忌炫耀

不可忘乎所以、得意忘形地自吹自擂，炫耀自己的学识、成绩、家境等。这样就会人为地造成双方的隔阂和距离。

5．忌直白

沟通对象个体千差万别，他们的知识和见解都不尽相同。在沟通时，如果发现对方在认识上有不妥的地方，不要直截了当地指出。一般人最忌讳在众人面前丢脸、难堪，俗语道“打人不打脸，揭人不揭短”。

6．忌批评

如果发现对方身上有些缺点，不要当面批评和教育对方，更不要大声地指责。要知道，批评与指责解决不了任何问题，只会招致对方的怨恨与反感。与人交谈要多用感谢词、赞美语；要掌握赞美的尺度和批评的分寸，要巧妙批评，旁敲侧击。

7．忌独白

沟通是双向的，不但自己要说，而且要鼓励对方讲话，通过对方说的话，了解对方的个人信息与困惑。

8．忌冷淡

俗语道“感人心者，莫先乎情”。在沟通时态度一定要热情，语言一定要真诚，言谈举止都要流露出真情实感，才能换来对方的感情共鸣。

9．忌打听

适当的好奇心不是坏事，这是与他人保持适度交流的必要动力。但是，一个人对别人的事情过分关心，这或多或少有刺探他人隐私之嫌。久而久之，对方对你敬而远之，产生防范心理，隔阂由此而生。

第四节　指导残疾人体育活动的服务技巧

一、指导残疾人体育活动的基本规范

1. 遵循一项基本原则

服务人员与残疾人交往，要遵从的一项基本原则是平等、尊重、真诚。既不“俯视”，也不“仰视”。

2. 做到两项服务要求

服务过程中做到：不知道，就询问；不接受，不坚持。如果不知道如何帮助残疾人，就真诚、直率地询问，不可自作主张；如果提出帮助，残疾人明确拒绝，就不要继续坚持。

3. 牢记“三不”准则

初次与残疾人接触，一定要牢记“三不”准则：①不要主动询问有关残疾的问题和致残原因；②不过多注视残疾部位；③不过分关注残疾人的不便。

4. 把握四个步骤

服务残疾人应遵从“一看、二问、三听、四助”四个步骤。

5. 做到有求必“应”

如果残疾人求助，无论是否可以帮忙，都要给予及时回应。所谓回应不是所有的请求都满足，而是在法律、规定、社会道德和个人专业能力之内的，要尽力提供帮助。

二、指导残疾人体育活动的服务技巧

(一) 指导视力残疾人的服务技巧

在带领盲人行走的过程中，带领者导盲，盲人随行，统称导盲随行。

导盲随行的方式虽然很多，但都是在导盲随行基本动作的基础上，做不同形式的改变。

1．导盲随行的基本动作

导盲随行的基本动作包括：导盲者与盲人的接触、盲人对导盲者的抓握、盲人与导盲者的站立和盲人的随行。导盲者首先要逐步建立正确的基本动作概念，切不可随意拉着盲人的手行走，以免把盲人置于被动状态，使盲人不便主动感知导盲者传递的信息。

（1）接触。

接触是导盲者主动与盲人建立联系的触摸动作。

动作方法：导盲者走近盲人，与之同向并排站立，用右手背轻轻触及盲人的手或臂，告诉盲人他将被带领。

注意：导盲者在走近盲人时应事先有所提示，避免盲人感到突然或受到惊吓。

（2）抓握。

抓握指盲人得到接触的信息后，及时与导盲者建立联系的动作。

动作方法：盲人用左手背沿导盲者手臂外侧轻快上移，抓握导盲者手或臂的适当位置。

注意：抓握要稳，不宜过松或过紧。

（3）站位。

站位指盲人抓握后，调整与导盲者的相对位置。

动作方法：盲人抓握后立即后退半步，站在导盲者侧后方。这种站位不仅便于盲人随行，还有利于盲人准确接收导盲者的信息。

（4）随行。

随行指盲人正确站立后跟随导盲者行走。

动作方法：当导盲者迈步后，盲人根据抓握手所获得的信息及时跟随行进。

注意：导盲者行走时要保持适当的速度，不要过快过慢或忽快忽慢。盲人在随行过程中常常会出现抓握不稳和动作变形的现象，导盲者要及时予以提醒和纠正。

（5）一人导多盲

一人导多盲指一位导盲者带领多位盲人同时随行。

动作方法：导盲者先将多位盲人由高到矮纵队排列。后面盲人以接触、抓握、站位的动作方法抓握前人的异侧臂。导盲者接触最前面的盲人，待所有人接触抓握、站位完成后进行导盲与随行。

注意：导盲者要帮助盲人逐个做好抓握和站位；导盲者应保持匀速行进，避免忽快忽慢；导盲者要不断提醒盲人保持随行过程中动作的规范性，以免队列变形；由于导盲信息经多次传递后会逐渐失真，所以导盲者要随时注意后面盲人的随行情况。

（6）导盲随行中的特殊情况处理

进出门：导盲者用语言提示盲人，再将门打开，遇到门槛，导盲者再次语言提示并帮助盲人安全跨越。

进出电梯：导盲者告诉盲人要进电梯或出电梯，进出电梯时导盲者要用手抵住电梯门，防止电梯门突然关闭将盲人卡住。

上楼：导盲者语言提示上楼后，盲人向前迈出半步与导盲者并肩站立，盲人可以用脚试探一下楼梯的边缘；导盲者起步上楼时，盲人身体应前倾。导盲随行上楼过程中，导盲者始终先于盲人上一级楼梯。

下楼：导盲者站在楼梯前沿，用语言提示下楼，盲人向前迈出半步并以脚探知阶梯前沿位置后与导盲者并肩站立。下楼过程中，盲人的身体应稍向后仰，导盲者始终保持先踏在盲人所踏的下一级楼梯上。

2．注意事项

（1）导盲随行上下楼梯时，最好让盲人走在楼梯扶手一侧，以便盲人手扶楼梯扶手上楼或下楼，更为安全和舒适。行至楼梯转弯处，导盲者的语言或动作提示应清晰明确。

导盲者在导盲过程中要与盲人积极沟通，建立良好的关系，不一定严格按照上述的要求执行，可以征求盲人的意见，灵活变通。

（2）导盲者带领视力残疾人到陌生的环境时，请沿途说明交通状况，并提示可能造成伤害之障碍物及危险地区，让其熟悉四周环境，协助其建立独立的定向行动技能。例如：走到转角狭窄处应放慢行走速度，走到落差特别大或路幅特别窄处应提醒他们，并以他们的步幅作为引导标准。

如当弱视者无法看清招牌、路标、公车站牌的字体时，导盲者应念给他们听。

（3）导盲者指挥方位要清楚准确，特别要避免使用“这儿”“那儿”一类的语言，盲人看不见，对方向、位置难以把握，引领他们就座时要明确地告知他们：“我坐在你左边或右边、前面或后面的位子”，等等，要给他们一个十分明确的指示。

（二）指导肢体残疾人的服务技巧

1．指导不使用轮椅的肢体残疾人

当肢体残疾和脑瘫人士进入服务区域后，指导者要引导其走最短路线，行进速度要慢，特别要提醒路面情况，当路滑或有水时要给予提示。当平路时，志愿者应主动走在他们一侧前 1.5 米之内；当上坡时，志愿者前进速度要慢，要走在他们的侧后和不方便的一侧。志愿者在帮助前需观察、了解这类残疾人的习惯，特别是在更衣、如厕时，一定要尊重他们的隐私和习惯，只有得到残疾人同意才可给予恰当适时的帮助。志愿者更多的是在细节上给予残疾人帮助，如提示他们系好鞋带，询问所带的物品是否需要帮助拿放等。

2．轮椅服务技巧

（1）平稳推车。当残疾人坐在轮椅上需要前进时，2 米内不得出现障碍，推轮椅的人两眼直视前方，双手握住把手，移动时步长要相等，不宜过大，要匀速前进，不能急停急起。当需要停下时，首先放慢速度，切忌后拉急停。

（2）行进中转弯和进小门。行进中靠右行走，需要转弯时志愿者需提示残疾人并减速。在通过小门时，志愿者身体始终在中间位置，平稳行进，不要东张西望。

（3）上坡、下坡和通过障碍。上坡时要保持平稳，蹬地腿要慢用力，两臂保持屈曲位，身体微向前倾，不要把身体重心放在两手上，避免滑倒和蹬空。下坡时手臂弯曲，身体略后仰，双手控制前冲速度，遇有较大坡度时，特别是对重度残疾的人士应采用倒车下坡的方法，缓慢倒退滑行，一定要控制速度，保证其安全。遇到小障碍时，应先提示乘坐人，当通过时以两臂后压使前支撑小轮通过。

（4）乘电梯。乘电梯要目测好电梯的宽度、深度，掌握好窄通道后退推车方法，倒着进入电梯箱，正着推出，速度要慢，让服务对象看清要去的楼层，并按下电梯指示钮。当两辆轮椅同乘电梯时，要注意先后顺序，先上的后下，乘自动电梯时，防止电梯门夹轮椅。

（5）辅助乘坐与离开轮椅。当服务对象需坐轮椅时，应把轮椅推至右侧并排位置和斜上位置，这样服务对象通过手臂支撑就能顺利移到轮椅上。当服务对象要下轮椅时，首先把轮椅停在乘坐人最满意的位置，提示或帮助其离开。

（三）指导听力残疾人的服务技巧

1．基本技巧

（1）辨识。对听力残疾人来说，视觉信息、肢体信息、触碰等，比声音信号更好辨识。

（2）获得注意。在与听力残疾人交流前，先要获得对方的注意，眼神接触就是一种很好的获得注意的方式。如果需要，可以轻轻地挥挥手或者轻轻地触碰听力残疾者。

（3）交流。交流时，需要保持处在对方的视野区域内，双方或者多方的眼睛要处于同一水平线上。与听力残疾人交流时可以保持比非听力残疾人稍远一些的距离，以便交流者将彼此的全部身体语言尽收眼底。

（4）读唇。如果听力残疾人可以读唇语，那么志愿者可以用正常的语速、声调和节奏来交流。当和会读唇语的听力残疾人交流时，要一直面对对方。当察觉到对方不会读唇语时，可以先尝试用笔和纸来与对方沟通。

2．注意事项

沟通中应注意，一开始就向听力残疾人阐明想要对话内容的要点，让听力残疾人大体了解讲话内容和方向，会使听力残疾人更容易跟上讲话速度。在对话中，我们需要不时停顿下来询问对方是否跟上了自己的讲话速度。

（四）指导智力残疾人的服务技巧

1．基本技巧

（1）指导者要提醒智力残疾人外出活动时随身携带信息联系卡片，卡片上提供紧急联系人的电话。信息联系卡片可以做成胸牌或者放在衣物口袋里。

（2）指导者初次陪同智力残疾人活动时要保持智力残疾人在指导者的视野之内，以便随时关注。

（3）指导者初次与智力残疾人沟通时，说话要清晰、简洁、明了，传达给智力残疾人的信息一次不要超过两个，待一个信息完成后再给予一个新的信息。

（4）智力残疾人可能会无意识地到处乱摸，例如捡拾垃圾等，因此吃东西之前要让他们先洗手。

（5）智力残疾人通常对于隐私的保护意识薄弱，因此，指导者在智力残疾人如厕前可以提醒其把门关上，穿脱裤子的动作要在进入厕所后才能进行。每到一个新环境都要提醒智力残疾人厕所的位置，注意其表情变化，以避免错过如厕时间或如厕时间过长可能产生的问题。

（6）指导者陪同智力残疾人参与活动前要沟通好活动内容和目标，防止漫无目地由着智力残疾人行走过长时间，导致其疲劳，从而引起各种问题。

（7）随时随地根据实景对智力残疾人进行环境认知和设施使用的训练，教会其水、火、电的安全常识。

（8）不要回避智力残疾人的问题（问题可能是反复且简单的），要让他们多接触社会环境，多与人交流，建立起熟识的社区环境支持系统。

（9）智力残疾人有时也会伴随言语障碍，因此口肌的训练至关重要。在活动设计上可以玩吹气的游戏，例如吹乒乓球、吹泡泡，练习圆嘴的动作，增强唇部及舌肌的控制及活动能力。

（10）智力残疾人也有自己的喜好，有的喜欢干某件事情，就总是反复做这件事，指导者可以慢慢丰富其活动内容，多给予正面支持，不要强行制止。

（11）长期指导者可在智力残疾人的日常生活环境中对不同区域功能进行标示，教其独立使用环境设施。

（12）鼓励智力残疾人主动沟通时，指导者不要急于给予支持，要留一点时间让智力残疾人自己表达出来。

（13）系鞋带这样的精细动作对于一些智力残疾人而言有一定的困难，

为了出行方便，可以让智力残疾人穿带有魔术贴的鞋子。

（14）智力残疾人的活动时间通常不宜过长，要求专注的活动中间要有间歇。同时，指导者要提醒智力残疾人及时喝水、补充体力等。

2．注意事项

成年智力残疾人同样有性需求，对青春期的自身变化等可能表现出好奇，或伴有自慰的行为。这种情况下，指导者不要害怕或者排斥责备，要给予其正确的引导，让智力残疾人明白，在哪些环境下做出哪些行为是安全的。同时，针对女性智力残疾人，指导者可以适当地帮助她们了解自己的身体情况，告诉她们哪些部位不可以任意被人看见与触摸等。

第五节　认识辅具和无障碍环境

本节介绍的辅具和无障碍环境，都可以帮助残疾人融入社会，过一种与健全人无异的生活。残疾人由于先天或者后天的缺陷，在社会生活各个方面遭遇障碍，但是通过政府、社会及其家人的努力，借助各种各样的辅具，他们可以慢慢克服肢体或者心理上的障碍，进而踏出家门，走向社会，最大限度地实现无障碍出行，无障碍生活。

一、辅具

（一）辅具的概念

辅具最早是由德国研发的，指针对人体病态进行辅助治疗的器具，包括：护颈、护肩、护腰、护膝、护踝、拇外翻矫形带、拇外翻矫正器、轮椅、假肢、拐杖、矫正鞋垫、矫正鞋等。残疾人辅具的最新定义是：残疾人使用的，特别生产的或一般有效的，防止、补偿、减轻、抵消残损和残疾或者残障的任何产品、器械设备或技术系统。这一概念中对辅具的使用目的、作用和形式做了说明性的概括，同时把使用对象限定为残疾人。广义的残疾涵盖失能和残障，分为暂时性失能、残损或永久性残障或失能，所以辅具的使用对象应该包括由突发或者意外事故造成的肢体损伤或残疾的人。

（二）辅具的分类

1．生活环境类辅具

世界卫生组织（WHO）于1980年发布的《国际残损、残疾和残障分类》中“活动与参与”这一章节将生活活动辅具分为七大项，分别是：①自己清洗和擦干身体，可用淋浴椅、浴缸、擦洗身体的刷子和擦干器；②护理身体各部，如护理皮肤用电动剃须刀、镜子，护理牙齿用粗柄牙刷、电动牙刷，护理毛发用长柄梳、电吹风、充气洗头盆，护理手指甲和脚指甲用带吸盘指甲锉、带放大镜指甲剪；③如厕，用坐便椅（带轮或不带轮）、坐便凳、坐便器、增高坐便器座，调节排尿用导尿管、集尿器、尿壶、尿垫、纸尿裤，调节排便用尿裤、尿垫；④穿脱，穿脱衣物可用带尼龙搭扣、连裤服、穿衣杆、系扣钩、拉链器、穿袜器、护理短袜、脱靴器、加长鞋拔；⑤进食，用粗柄餐具、弹簧筷子、防洒碗、防洒盘、易握碗；⑥喝水，用易握杯、吸管、专用纸杯；⑦照顾个人健康，如确保身体舒适的躺椅、安乐椅、靠背、腿支撑架，控制饮食用半流质喂食杯、人体秤，维持个人健康用血压计、体温计、配药盒。盲人生活辅具有防溢提示器等。

2．行动环境类辅具

行动环境是人类生存的必需环境，基本分为坐、立、行三个部分及其间的相互转换部分，如果行动方便，则实现了无障碍。为了达到这些目的，要使用相应的辅具。①改变身体基本姿势：用移位带、自立式扶手、支撑扶手；②保持身体姿势：保持躺姿用体位垫、卷式安全带，保持坐姿用坐姿椅、髋关节椅、椅子扶手和靠背，保持站姿用站立架、可倾斜站立支撑台、抓握栏杆和把手、支撑扶手；③移动自身：坐姿移动自身用转移板、转台，躺姿移动自身用滑动垫、翻转床单；④举起和搬运物体：用滑车、升降台；⑤手部精细动：拾起用延伸器，抓握用抓握器具，操纵用各种开关，释放用假手；⑥手和手臂的使用：拉用固定把手、球形手柄，转动或旋转手用手轮、曲柄把手；⑦行走：用手杖、拐杖、助行器。

3．交流环境类辅具

交流互动是人类在社会生存中必不可少的部分。为实现交流的无障碍，要使用的相应的辅具如下。①接收类：接收语言的助听器，接收非语言的助视器，包括盲文书籍。②生成类：如人工喉。③交谈和交流设备与技术，包括盲人电台、重度近视者使用的手机等。

4．教育环境类辅具

教育环境是指人们从事教育活动的环境，古语有云“有教无类”，不管什么样的人都有享受教育的权利。教育环境包括交流环境与学习环境。一些残疾人在辅具的帮助下，可以回到普校读书，与健全学生享受到同样的教学环境。肢体残疾学生的教学辅具包括握笔器、翻书器、电脑辅助器具、轮椅等，智力残疾学生的教学辅具包括认知拼图、各种教学课程的辅助器材，视力残疾学生的教学辅具包括盲文课本、盲文打字机、盲文写字板等，听力残疾学生的教学辅具包括助听器等，此外还有各种课程的教学辅助设备。

5. 文体类辅具

残疾人可以通过使用辅具来克服从事文体活动的障碍，这类辅具即文体类辅具。例如，肢残人士参加篮球比赛使用的篮球轮椅、参加田径比赛使用的竞速轮椅，盲人使用的特制球杆，智力残疾人使用的旱地冰球等。

总之，辅具的产生是为了残疾人更好地参与到社会生活中，而辅具的制作和使用则需要视情况而定。一些残疾人家庭可以根据需要就地取材，制作一些器材供残疾人使用，帮助其克服障碍，重归社会。

二、无障碍环境

（一）无障碍环境设计

20 世纪初，由于人道主义的呼唤，建筑学界产生了一种新的建筑设计方法——无障碍设计。无障碍环境指的是一个既可通行无阻又易于接近的理想环境，包括物质环境无障碍和信息、交流无障碍。物质环境无障碍主要是要求道路、公共建筑物和宿舍区的规划、设计应方便残疾人通行和使用。

（二）学校无障碍环境建设与使用

无障碍环境建设是保障特殊需要学生在学校中能够无障碍地生活、学习、活动的基本条件之一。例如，在校园中的道路应满足坐轮椅者、拄拐杖者通行和方便视力残疾者通行，建筑物应考虑出入口、地面、电梯、扶手、厕所、房间、柜台等设置特殊需要学生可使用的相应设施。信息和交流无障碍主要是要求，上课过程中应使听力、语言及视力残疾者能够无障碍地获得信息，进行有效交流。

除了相关的硬件上需要进一步调整之外，还应创建一个无障碍的交流环境，至少做到在校园范围内消除歧视，人人平等。譬如，班上有听力残疾学生，任课教师应学会使用基本的手语与其沟通交流。学校应从各个方面来进一步加强无障碍环境的建设，确保残疾人在学校的无障碍的交流学习。

（三）体育活动无障碍环境建设原则

1．安全性原则

残疾人在融入周围体育环境的过程中，由于自身的生理、疾病、特殊状态等原因，对环境的感知力较差，对刺激的反应灵活性也较低，有时难以克服某些障碍，易发生危险。因此，建设无障碍体育环境时，首先必须遵循安全第一的原则。事实上，人们容易将环境安全的注意力投射在体育场地上，在场地上增设保护垫、软质地板、软质边角等，但实际上，体育场馆的安全是全方位的。无障碍环境设计要全面考虑其他环境设施的安全性：应将无障碍卫生间设置在随时容易进入的地方，而且提供良好的标识，这会给使用者提供实质性的便利和安全；电源插座设在安全的位置，并安装接地故障断流器以防触电；良好的灯光照明也是一个很重要的安全因素。这些都需要设计师从安全性方面进行精心的考虑和设计。

2．可及性原则

在安全得到保障的前提下，要残疾人参与到体育运动之中，就需要保证他们能感知、到达、进入和使用无障碍设施；因此，可及性原则是无障碍体育环境建设所需要遵循的原则。具体来说，可及性原则包括以下几个方面。首先是良好的感知性。对环境的感知是行为发生的先决条件，无障碍设计要针对视觉、听觉等信息障碍，采取相应措施，充分调动各种感觉的综合及补偿作用，在体育建筑的改造中应充分利用盲道、点字、音响声讯装置、电子资料显示板、电铃、黄色凸线和边缘白线等触觉、听觉及视觉信息，使视力残疾人和听力残疾人能充分感知场馆的环境及变化，以利于他们方便安全地使用体育设施。其次是便利的可达性。体育无障碍环境设计要帮助各类残疾人可以抵达、进入场地并使用设施，这就要求建筑的入口、走廊、过道、室内有足够的空间供轮椅通行，入口不应设置阻碍残疾人的台阶而应设置坡道，垂直交通的可达性应通过坡道或电梯等实现。

3．适用性原则

无障碍环境设计的目的是为各类有特殊需要的人群的体育参与提供便利，但不应使健全人感到不便。相同道理，若为健全人提供便利，也应顾及残疾人的需求，这是面向全体公民创建和谐生活环境的重要原则。二者的根本出发点是一致的，即合理便利，将残疾人和健全人的要求同时考虑，而非对立起来。

4．系统性原则

无障碍体育环境并不是单单指体育场馆的环境，无障碍体育环境中应该形成点、线、面的系统化网络，将无障碍环境本身涉及的体育设施、建筑、信息等多个方面都包含进去，以便全面构建和审视环境。好的无障碍体育环境，必须做到信息明确，每个环节畅通无阻，方便实用，具有连续性——不仅要进入建筑，而且要使用建筑，不仅建筑内部无障碍，而且连接建筑的城市道路、交通设施和室外公共活动室间也应实现无障碍化。

思考与讨论

1. 什么是伦理？为什么服务残疾人要特别注重伦理？
2. 服务残疾人需要注意哪些技巧？
3. 服务视力残疾人有哪些注意事项？
4. 服务智力残疾人有哪些注意事项？
5. 体育活动无障碍环境设计应遵循哪些原则？

第四章

体育助残志愿者心理调适与压力管理

本章导读：助残志愿服务是现阶段我国志愿者参与最活跃的志愿服务项目之一，对我国残疾人的社会保障和服务体系具有重要的补充作用。体育助残志愿服务由于服务对象的特殊性，会造成志愿者在服务过程中产生各种心理问题，引起志愿者服务质量下降、厌倦服务，甚至退出服务等不良后果。因此，在评价体育助残志愿者服务动机、服务绩效和服务满意度的同时，志愿者出现的心理问题和问题应对策略也应受到重视。本章就体育助残志愿者的心理问题、问题的预防和应对措施，以及体育助残志愿者的压力管理展开系统的介绍。

第一节　助残志愿者常见的心理问题与成因

志愿者产生的心理问题的类型较多，成因呈现多元化。例如，培训活动的时间和地点与志愿者自身工作、生活的时间和地点冲突，志愿者活动中的人际冲突，以及对志愿者工作性质的曲解，都有可能对志愿者的心理造成不良影响。尤其在助残志愿服务过程中，由于服务对象身体不便，以及志愿者没有受到长期专业化的培训，服务与被服务双方均可能产生严重的心理问题。助残志愿者常见的心理问题核心是无法维持高焦虑（或压力）情境下的心理稳定性。心理稳定性问题可以分解为如何进行助残志愿服务的自我定位、如何适应助残服务过程、如何调整服务过程中产生的消极情绪、如何提高助残服务信心等难题。

一、助残志愿服务的自我定位问题

由于助残志愿服务岗位的特殊性，助残志愿者可能会出现以下三种自我定位问题：自我角色认同偏差、自我角色期望冲突和自我角色地位模糊。

个体对助残志愿行为的合理认知和角色认同，是助残志愿者对助残志愿服务持有的一种积极心理情境和主观体验。角色认同是个体关于具体角色的自我审视，反映了个体对自己是谁以及想成为谁的感知与意愿，且具有情境性。我们在社会情境中会扮演不同的角色，倘若在助残志愿服务过程中不认同自己的角色，那么将很难完成志愿服务任务。造成自我角色认同偏差的原因可能有：未参加去个性化的志愿者培训和非自愿参与助残志愿服务；助残志愿者的角色期望与现实角色的差距，导致其产生对角色认同的质疑，这种落差可能会削弱维持助残志愿服务的动机。产生自我角色期望冲突的原因可能有：参与助残志愿服务前期望值过高，助残志愿服务中自身的技能无法满足志愿服务的需要，以及获得感缺失等。自我角色地位模糊也是助残志愿者常常出现的心理问题。有学者发现，志愿服务中存在着大学生志愿者角色定位模糊的问题，有的志愿者甚至在留言中留下了“把志愿者当成保姆”“对志愿者态度差”或者“志愿服务损伤尊严”等观点，严重影响志愿者对志愿服务过程的主观体验和客观评价。造成该现象可能的原因是社会、学校、家庭没有进行必要的引导，进而导致助残志愿者角色定位模糊。

二、助残志愿服务的心理适应问题

心理适应与心理健康教育有关，包括被动与主动、消极与积极、内部与外部、狭义与广义等不同类型。助残志愿者在进行志愿服务时，面对各种类型残疾人的身心状况，需要经过一段时间的自我调节以进行心理适应；倘若遭受服务对象或其他人员的指责或批评，也会出现心理适应的问题；当自身能力无法满足服务需要时，不仅是心理适应，情绪、态度、感觉等均会受到影响。以上心理适应问题将导致助残志愿服务的效率低、满意度低，以及助残志愿者流失率增加。本书中的助残志愿者心理适应，通常是指志愿者在服务残疾人过程中，遭受挫折后借助心理防御机制来使自己减轻压力、恢复平衡的自我调节过程。助残志愿服务心理适应问题产生的原因可能是志愿者的心理韧性不够强大。

三、助残志愿服务的情绪问题

助残志愿服务的情绪问题，几乎是每个助残志愿者都会遇到的。情绪有积极和消极之分，我们探讨的助残志愿服务的情绪问题主要指消极情绪。例如，助残志愿者在服务过程中遭受不公平对待，服务对象不配合，组织管理者不作为等，均会使助残志愿者产生消极情绪。值得注意的是，情绪的表达存在性别差异。女性有更多的情绪表达，能更强烈地体会到情绪变化，在表达情绪时更为自然，容易读懂其他人的情绪；而多数男性认为表达情绪与男性形象不一致，他们天生不擅长理解其他人的情绪，不需要通过积极情绪来寻求社会赞许。因此，在制订解决助残志愿者情绪问题的方案时，除了应对事件发生过程全面了解外，还应考虑性别差异。

四、助残志愿服务的信心问题

自信是反映个体对自己有能力，或能成功地完成某项活动的信任程度的心理特征。志愿者参与志愿服务可对其个性成熟度和自信心起促进作用，然而助残志愿者在服务过程中的信心问题却鲜有学者关注。助残志愿者的自信是对自己胜任能力（志愿服务能力和特殊事件处理能力）的确信和认定。社会学习理论创始人班杜拉认为自我效能与自信相关。班杜拉将自我效能感界定为“个体对自己在实现预期目标过程中所具备能力的确信程度”。他认为，自我效能具有自我激励的作用。他还提出了发展自信心的四个关键因素，即成功的亲身体验、可借鉴的他人的成功经验、言语上的鼓励和适宜的情绪唤醒水平等。助残志愿者的自信心会受到自我认知（对自身的性格、长相、服务能力、知识面、家庭等的认知）、主动参与（自愿参与助残志愿服务而非被迫参与）、对目标的认知（目标预期）、服务残疾人的专业技能（手语、特殊礼仪等）、环境（社会、学校和家庭层面）和观念（成长观、价值观等）等的影响。以上某一环节处理不当，均有可能导致志愿者自信心下降，甚至变得不自信。

第二节　助残志愿者心理问题的预防和应对方法

基于上述的心理问题与成因，提供助残志愿者必要的心理服务与情感支持，对其维持持续的服务动机至关重要。

一、助残志愿者心理问题的预防方法

（一）整齐服装法

1．目的

通过穿着干净整齐的服装，营造清新和自信的气氛。

2．方法

（1）穿干净整齐的衣服。

（2）使用干净整齐的手绢。

（3）卷起袖子，可以使自己和别人都感到一种活力。

（4）每天上班时，女士换穿一套服装，男士换打一条领带，会使自己和别人产生清新、阳光和自信的感受。

（二）积极语言暗示法

1．目的

通过反复强化积极语言暗示，形成关键时刻用积极语言暗示的习惯。

2．方法

（1）请助残志愿者在志愿服务计划中罗列服务过程中经常运用的自我提示语。

（2）找出这些自我提示语中的消极成分。

（3）用积极提示语替换消极提示语。

（4）每天工作前默念提示语 1 次，以形成用积极语言暗示的习惯。

（三）消极思维阻断法

1．目的

培养针对消极思维提出转折想法的习惯。

2．方法

（1）将自己的缺点、困难或在服务残疾人时遇到的挫折、不适一一列在表的左栏。

（2）在“不过”之后，写下转折性理由。

（3）养成习惯，一旦出现消极念头，就补上一个“不过”，并提出若干“不过”的理由。（表 5–1）

表 5–1　消极思维阻断法

缺点、困难或不利因素	阻断	转折性理由
我不会手语	不过	我可以学最常用的手语，先保证基本沟通
我这个人不善言辞	不过	我会在志愿服务中尽可能地与其他人交流，提高自己的交流能力
我的服务对象是一名中度智力残疾学生，他（她）听不进去我说的话	不过	我会和他（她）成为好朋友

（四）“三件事”法

1．目的

换个视角看问题，进而调整自己的心态。

2．方法

一件是自己的事：助残志愿服务过程中我要怎么做？我需要什么技能？

一件是别人的事：其他助残志愿者受到表扬，有的助残志愿者中途退出。

一件是老天爷的事：会不会下雨、刮风、地震、闹旱灾？残疾人会不会配合我？

人的烦恼就是来自：忘了自己的事，爱管别人的事，担心老天爷的事。

要轻松自在其实很简单：处理好自己的事，少管别人的事，不操心老天爷的事。

下次心情不好时，赶快问自己：这件让人心烦的事到底是谁的事？

（五）心理支持法

1．目的

使助残志愿者感到有许多可靠的社会、家庭和学校等支持来源，需要时可以随时求助。

2．方法

（1）充分理解对助残志愿者产生重要影响的常常是他们的家庭成员、老师和挚友。

（2）向助残志愿者明确承诺："在任何方面需要帮助的时候，我都会伸出援助之手。"

（3）当助残志愿者遇到挫折、困难和失败时，往往是他们最需要帮助的时候。此时，一个关心的目光、一句贴心的问候、一个随便谈谈的提议，都可能对助残志愿者具有极其重要的意义，甚至会影响他们接下来的助残服务态度。

（4）鼓励助残志愿者通过电话、书信等方式经常保持与父母的联系。

（5）鼓励助残志愿者结交可以信赖的助残志愿者挚友，同挚友一起面对困难与挫折，享受奉献的快乐。

二、助残志愿者心理问题的应对方法

（一）如何应对自我定位的心理问题

1．目的

通过调整助残志愿者注意分配，帮助其恢复平稳的心理状态。

2．方法

正念减压疗法（Mindfulness-based stress reduction），是卡巴金为麻省医学院减压诊所设计的心理疗法，该方法可以协助病人以正念冥想的方式处理压力、疼痛和疾病。短期冥想训练（1周）即可改善大脑复杂网络的可塑性，增强工作记忆能力和认知功能。为了使得助残志愿者在助残志愿服务中进行合理定位，我们采用去自我中心技术。

（1）不做任何解释，先让助残志愿者描述一次比较满意的助残志愿服务经历和一次不太满意的助残志愿服务经历，从中分析出任务关注和自我关注的不同，以及对志愿服务行为表现的影响。其目的是帮助助残志愿者掌握察觉和转换自我关注和任务关注的技能，在需要时可随时应用。

（2）引导助残志愿者认识到正念、接受等技能能够帮助其达到去自我中心的层面，使得助残志愿者明白如何通过正念实现自我关注向任务关注的转换。

（3）进行注意分配练习。准备一支笔和一个本子，心中从 1 开始慢慢数，边数边写。在写数字过程中，你会发现你的脑海中会出现很多与数字无关的想法，当这些想法进入你的意识时，你会很容易受到它们的影响而写错字，此时把你的注意力从这些想法转移到写数字上。做这个练习，尽可能不出错地从 1 写到 100。

（二）如何应对服务过程中产生的消极情绪

1. 宣泄调节

控制和调节情绪的一个有效方法就是以适当的方式及时地和充分地宣泄自己内心的痛苦、忧愁、委屈、遗憾等情绪。宣泄调节即通过宣泄控制情绪的方法。宣泄的作用正如培根所说：“如果你把快乐告诉一个朋友，你将得到两份快乐；如果你把忧愁告诉一个朋友，你将减少一半忧愁。”

宣泄的方式主要有倾诉宣泄、日记宣泄和作业宣泄三种。①倾诉宣泄：找亲朋好友倾诉；②日记宣泄：养成写日记的习惯，遇到困难、挫折和失败时，将自己对这些境遇的真实想法详细写下来，有助于理清思绪，面对现实，平静心情，重新开始；③作业宣泄：每周 1 次，每次 15 分钟，在纸上将最不愉快和最不满意的事情写下来，然后撕掉。

2. 呼吸调节

呼吸调节是通过调节呼吸的频率、深度和方式以控制情绪的方法。

情绪紧张时，常有呼吸短促现象。特别是过于紧张时，助残志愿者常有气不够喘或者吸不上气来的感觉，这是呼气不完全造成的。深而慢的腹式呼吸，使兴奋水平下降；浅而快的胸式呼吸，使兴奋水平提高。

可借鉴普拉提采取的鼻吸口呼方式，运用横式呼吸法，也就是胸式呼吸，腹部收紧，能感觉到肋骨架的收缩和扩展，鼻子吸气，口出气。具体方法如下。

（1）坐在你的练习垫上。

（2）坐直，肩膀放松，然后双腿交叉，把一只手放到胸前，另一只手放在你的胃和肚脐之间。

（3）闭上眼睛，按照平时的节奏呼吸。感觉呼吸时手部轻压身体，你可能不会有特别好的感受，但是你可以感觉到你的胸部开阔了一点，你的胃部有气体进进出出。

（4）改变手的位置，将拇指完全合并在一起，就像做斩断动作的时候一样，将双手困在两侧肋骨处，双手延伸至肋骨中间开放处，放松肩膀，使肩胛骨滑至背后。

（5）通过鼻子呼吸，通过叹气式的呼气放松下巴，确保身体的放松，使用“Holiday”中的“H”音呼吸，呼气和吸气各四次，尽量保持肩膀放松。

（6）闭上眼睛，注意自己的身体感觉。记得要舒适地坐着，手放在胸部，肩膀放松，用舒缓的节奏呼吸。

（7）用手腕处向胸腔温和地施压。吸气感受手的压力；呼气感受胸腔的中间慢慢合起。

（三）如何应对助残服务信心问题

1．正视失败法

（1）目的。通过互相鼓励，认识为什么要继续努力。

（2）方法。

①当一名助残志愿者遇到重大困难和挫折时，老师或志愿者团队队长请其他助残志愿者每人写出一个心存希望的理由或一句鼓励的话，送给这名助残志愿者。

②要求这名助残志愿者在自己的志愿日记中，列出继续努力的三个理由。

2．积极反馈法

（1）目的。通过平时的积极反馈动作，积累信心。

（2）方法。

①在助残志愿服务过程中，尽量迅速反馈，动作敏捷。

②与服务对象交谈时，正视对方的眼睛；大声回答对方问题；适当做些大型手势；尽量多地保持微笑；注意俯身或蹲姿；握手时要多用力，让

对方感受到你的力量。

（四）如何适应最初的助残志愿过程

第一次参与助残志愿服务，志愿者首先要学会基本的服务残疾人的技能，了解一些助残志愿服务的小技巧。

1．提前掌握基本服务技能

助残志愿者的基础技能，即手语技能、沟通技能、轮椅使用技能和导盲技能。如果掌握一定的手语，志愿者就可以更好地和听力残疾人交流，避免发生不必要的误会。在帮助坐轮椅的肢体残疾人出门时，志愿者可以熟练地使用轮椅，就会给肢体残疾人提供更加安稳的辅助。

2．善于观察言行举止

和残疾人建立正式服务关系之前，志愿者要注意在沟通过程中观察残疾人的表现，从他们的言行举止中了解他们的习惯和性格等。残疾人不仅因身上的残疾而特殊，其生活环境也具有一定的特殊性。一般来说，残疾人交往的圈子比较小，周围社会环境与健全人不同，因此他们就形成了某些特殊的性格特征，如孤僻和自卑是各类残疾人共同具有的性格特征。此外，每一类残疾人又有其独具的性格特点。例如，肢体残疾者的性格特点主要表现为倔强和自我克制，他们可以把一切不平和怨恨忍受下来，只有到了难以忍受的时候才会爆发。再如，聋哑人性格豪爽、耿直，好就是好，坏就是坏，很少拐弯抹角。了解服务对象的特点，调整自己的志愿服务方式，即使遇到一些困难和挫折，也尽可能地去适应（或许有些偏见或不满并不是针对志愿者的）。

3．了解服务对象

志愿者应该深入了解服务对象需求，有针对性、艺术性地给予帮助。特别是助残志愿者，普遍需要深化科学助残理念，提高助残技能。有心理学专家指出，有的志愿者想为盲人服务，可总觉得难以取得对方信任。事实上，盲人因为视觉不好，所以对人对事往往采取比较谨慎的态度。了解他们的心理特点，就能理解他们，用热情细致的服务赢得他们信任。

4．避免盲目的热情

一位使用轮椅的朋友曾经谈起她的一次“被服务”的经历。她去某大学参加一个活动，会议室门前有三个台阶，恰好这里没有坡道。一个志愿者小姑娘看到她的不便，便招呼来七八个小伙子，不由分说抬起轮椅，直送会议室。这位朋友虽然知道志愿者们是在表达他们的热情，但是在众目睽睽之下，七八个人急速地向她奔来，她因为坐在轮椅上的与众不同瞬时成为大厅之中的焦点，心理上立刻会有一种压迫感，自然感觉很不舒服。需要注意的是，当与坐轮椅的残疾人交谈时间超过一分钟时，志愿者最好蹲下来，此时双方的目光在同一水平线上，易示平等和尊重。志愿者在帮扶之前，对残疾人展示一个微笑，轻声一句询问，相互之间建立起一种和谐的感情联系，比不由分说地出手帮助更容易被接受。需不需要帮助应该由受助方决定，不应该是出手相助者主观认定的。助人的方法是否恰当，技能是否足够，也值得考量。

第三节 助残志愿者压力管理

2015年《志愿者心理测评综合分析报告》指出，有近三成的受访志愿者面对一整天的志愿工作时会感到非常疲累，近六成的受访志愿者觉得志愿服务压力大，近两成的受访志愿者处于亚健康状态，感到焦虑、痛苦，出现睡眠障碍和人际关系紧张等。说起“压力”，人们总把它当成贬义词；但日常生活中压力难以避免，个体适应外界环境又不能缺少压力的刺激。压力与个体的生存、发展和健康有着密切的联系，具有积极和消极双重作用，压力过强或过弱对个体都会产生影响。适度的压力有积极的作用，而突然的强烈的压力或持久而慢性的压力既可以损害人的社会功能，又可以降低机体对外界致病因素的抵抗能力，造成许多疾病的易罹患状态。

压力有很多种形式。急性压力常常来源于生活改变时，我们的身体和情绪被迫离开了预期的轨道。阶段性压力往往是由在一段时期内同时发生很多的生活变化引起的。慢性压力则与变化无关，是长期持续的对身体、情绪和精神的压力。助残志愿者面对的急性压力较多，例如，服务对象不配合、自身能力不足和志愿服务时间安排不当等。适度的压力对我们是有益的，但是持续的压力却会对我们的身心造成巨大的伤害。首先是对身体的影响。有些身体问题立刻就会发生，比如消化系统疾病、心律失常等；有些问题可能在长期承受压力的情况下发生，比如抑郁、各种疼痛、免疫系统疾病、皮肤病等；大脑在压力过大时会变得健忘。其次是对情绪、精神的影响。相对这些身体压力，人们更容易忽视情绪压力，情绪压力可能会使人精力枯竭、自我封闭。精神压力更加难以琢磨，会让人丧失精神追求，造成对自我期望、热情、梦想、计划、追求的无视。因此，不仅助残志愿者的精神压力需要被重视，残疾人群压力的精神压力解决策略也应被提上议程。

体育助残志愿者在工作中存在身体不好、心理问题、人际关系不佳、技能不足等方面的压力。由于志愿服务对象和服务内容的特殊性，很多志愿者在服务工作中产生压力。例如，身体压力、心理压力、工作压力、生活与志愿服务之间的矛盾带来的压力、社交压力、服务技能匮乏压力、应激压力（突发事件带来的压力）和期望值落差压力（参与助残志愿服务前和后满意度对比）等。那么，如何缓解助残志愿者产生的压力？本书借鉴毕学翠对缓解助残志愿者压力的视角，从三个方面进行探讨。

首先，知己知彼，合理选择。体育助残志愿者是一个特殊的、阶段性的、非职业的工作。志愿者在服务之前，首先要了解残疾人体育的基本要求，了解残疾人体育志愿服务的特点，以及体育助残志愿服务的内容，同时真实地评估自己，根据自己的定位，选择合理的岗位，真正做到做自己喜欢、能做的工作。作为一名助残志愿者要严格要求自己，保持平常心态，服从岗位安排。

其次，志愿服务工作的压力显而易见。志愿者要做好相应的心理准备，直面压力，调整心态，理性思考，积极寻求咨询和帮助，妥善合理地选择解决办法；尽量做到消除紧张感，保持积极心态；遇到困难时与志愿者协会等支持系统主动沟通寻求帮助。

最后，志愿服务结束后应做好心理调适。志愿服务完成以后，志愿者本人需要及时地调节，化解压力给身体、心理、工作和学习带来的负面效应。志愿者可以通过向志愿者组织管理部门、朋友、亲人、专业心理咨询师、律师寻求帮助，预防压力扩大，保证必要的放松、休息与调整。同时，事后要总结经验，增强信心和风险应对能力，以备迎接新的挑战。以下几种具体的解压方法可供参考。

一、正念行走

选择一条大约 20 步长的小路，站在路的一端，双脚自然分开，双膝放松，双臂松弛地放在身体两侧，把全部的注意力放在双脚上，感受脚掌与地面接触的感觉，以及全身的重量通过双腿和双脚传递到地面的感觉。

以完全放松的状态小步行走，面带微笑地缓慢前进，打开心门来体会平和的感觉，注意走每一步时脚抬起、移动与放下的动作。轻轻抬起左脚跟，注意小腿肌肉的变化，然后继续抬起整个左脚，把全身的重量转移到右腿上。全神贯注地体会左脚抬起和左腿向前迈进的感觉，以及左脚跟着地的感觉。脚步不必迈得太大，自然行走的步伐就可以。

一步一步地从路的一头走到另一头。要特别注意，脚掌与地面接触时的感觉，还有两腿在走动时肌肉拉长和收缩的感觉，注意每一步脚和腿的感觉变化。走到路的尽头时，请静止站立一会儿，然后慢慢地转过身，用心去感觉转身时身体的移动，然后继续行走。

行走的过程中，脑海中可能会出现各种各样的想法，如焦虑、压力等。当你发现注意力从当下的行走中移开时，意识到这些感受，但不用去判断，也不用去反应，简单地接受它们的存在，并把你的注意力拉回到对行走动作的体验上。

当你能够轻松地体验到每次行走的三个动作（脚抬起、移动和放下）时，可以停止默念。同时，注意你的呼吸，数数每一次呼气，你走了几步，每一次吸气，你又走了几步。当正常呼吸时，以比你平时走路更慢的速度走，但也不要过慢，不要试图控制你的呼吸，以这样的方式走几分钟，然后注意当你的肺部充满气体时，共走了多少步，当你的肺部气体全部排出时，又走了多少步。如此，你的注意力将同时关注呼吸与步伐，你也同时觉知两者。在行走中保持微笑，你的微笑会为你的呼吸与步伐带来平静与愉悦，将协助你保持注意力。慢慢地，你会发现你的呼吸、步数、步长和微笑很自然地融合在一起，你感觉到轻松柔和，压力自然而然释放出来。

二、时间分配

助残志愿服务过程前、中、后压力的产生，往往与时间的紧张感相生相伴，志愿者总是觉得很多事情十分紧迫，时间不够用。解决这种紧迫感的有效方法是时间管理，关键是不要让你的安排左右你，你要自己安排你的事。在进行时间安排时，应权衡各种事情的优先顺序。对工作要有前瞻能力，把重要但不一定紧急的事放到首位，防患于未然，如果总是在忙于“救火”，那将使我们的工作永远处于被动之中。管理时间需制订计划。例如，计划好在助残志愿者培训时重点学习什么并记录下来；厘清在助残志愿服务前应该做几件事；思考助残志愿服务中怎么分配时间和精力，需要注意哪些事项；在助残志愿服务后集中时间进行总结。

三、正向乐观

法国作家雨果曾说过：“思想可以使天堂变成地狱，也可以使地狱变成天堂。”我们要认识到危机即是转机。遇到困难，产生压力，一方面可能是自己的能力不足，此时整个问题处理过程，就成为增强能力、自我成长的重要机会；另一方面也可能是环境或他人（志愿者协会、残疾人联合会等）的因素造成的，此时可以理性沟通解决，如果无法解决，也要尽量以正向乐观的态度去面对。据研究，一个人常保持正向乐观的态度，处理问题时就会比一般人多出 20% 的机会得到满意的结果。因此，正向乐观的态度不仅会平息由压力带来的紧张情绪，还会使问题导向正面的结果。

四、服用“自然药丸”

如果每天能至少抽出 20 分钟的时间去散散步，或置身在一个能亲近大自然的环境里，这会大大降低我们的应激（压力）激素水平。当然，这是一个众所周知的事实。Marycolo Hunter 等（2019）的新研究，为我们开出了“自然药丸”，它首次确立了城市大自然体验的最有效剂量。该研究表明，为了获得最大的回报，就有效降低应激激素的水平而言，你应该花 20 ~ 30 分钟的时间坐在或漫步于一个能给你带来大自然感觉的地方。“自然药丸”是一种极低成本的解决方案，可以减少以观看电子设备主导的城市化室内生活方式所带来的负面健康影响。

第四节　学会与压力做朋友

一、通者不痛，痛者不通

在现实生活中，为什么有些人会为一时之精神刺激而抑郁，甚至精神失常？很大程度上就在于，这些人蒙受精神刺激（如失恋、落榜等）已是痛苦万分，而雪上加霜的是，他们周围的亲人或朋友不知道怎样做才能真正地安慰他们，只知道一味地劝说他们尽量想开一些，忘掉过去，展望未来。殊不知，这可能是最不入耳的话，而且可能在帮受害者的倒忙，因为安慰一个人，不一定非要他忘记过去，而应该帮助他学会怎样正确地面对过去。如果一个人的心灵创伤没有得到及时的宣泄和纾解可能会留下许多后患，精神抑郁就是其表现之一。

总之，人蒙受了某种精神刺激，一口气吐不出来反而咽回肚子里去不但会使他对往事耿耿于怀，还会慢慢地侵蚀他的精神健康。这一现象正应了中医之“通者不痛，痛者不通”的辩证原理。可惜许多人不明白这一点，眼看着悲剧在发生，却不知所措。

二、了解某一种心理咨询技术或疗法

格式塔疗法是可将被动变为主动、将消极变为积极的减压心理疗法。该疗法由佩尔斯创立于 20 世纪 60 年代。格式塔疗法的要点如下。

（1）人都有能力处理好自己的事情，心理咨询中心的任务是帮助来询者充分认识到自我在现实中的存在和感受。由此，心理咨询不求为来询者的困难做解释与指导，而是鼓励来询者主动承担责任，主持自我的治疗与改善。

（2）人应该将精神集中在现实的生活与感受当中，而不要对过去的事情念念不忘。人的许多焦虑都产生于不能正确对待以往生活向当前生活的过渡，以逃避现实的做法来处理个人生活中的种种挑战和压力，这严重损害了一个人的心理健康。

（3）使人积极面对现实的一个重要手段就是帮助他解开内心中的那些不良情结，这通常指个人因以往生活中的某些心灵创伤和刺激经历所留下的不良情绪体验（如懊恼、悔恨、内疚、愤怒等）。它们犹如一个个心结，系住了人在现实生活中的自由活动；而要使人全心全意地投入现实生活，就必须排除这些心结的干扰。

（4）在咨询手法上，格式塔疗法强调帮助来询者由环境支持转向自我支持，以使来询者从一开始就不依赖他人，尽量挖掘个人的潜能。

三、压力源与应对方法

在现今，压力已经成了一个热门的话题。各个人群都在经历着各种压力，大学生也不例外。从心理学角度来讲，压力是心理压力源和心理压力反应共同构成的一种认知和行为体验过程，是对某件事做出的应激反应。压力来源之一是生活压力。例如，大学生活跟想象的样子不符合，心理上产生落差；大学人才济济，发现自己只是很普通的一员，想到曾经在高中的自己，就会自信心下降，自卑感上升；等等。压力来源之二是学习压力。大学生也是学生，即使走过了高考，来到大学，还是要学习、要考试。专业课的考试、各种资格的考试等都给大学生带来了压力。压力来源之三是前途压力。不管大学生来学校是为了真正学到相关的专业知识，还是为了混文凭，就业对于他们来说都是一个很现实的问题，特别是现在大学生数量很多。以下是几种解压的方法：①可以跟亲密的朋友或家人讲述你的压力，让他们开导你；②听听喜欢的歌曲或者看电影，转移一下注意力就能很好地缓解压力；③操场的跑道也是很值得考虑的，运动也是有利于缓解压力的。

四、和压力做朋友

压力是你在乎的东西发生危险时引起的反应。对不在乎的事情，你不会感到压力；不经受压力，你也无法开创有意义的生活。压力是怎么影响我们生活的？人无压力轻飘飘，井无压力不出油，你一直逃避的压力，有时竟然是个好东西！有益的压力能帮助你更好地应对挑战。

“心有猛虎，细嗅蔷薇。”在《少年派的奇幻漂流》中，少年派从把老虎视为威胁，到与老虎发展出了一种共生关系，最终相互依靠，共达彼岸。说到底，压力是我们生活的一部分。我们没有必要，也没有办法逃离压力。我们愿意承担压力，是因为我们在不断接受挑战中获得成长，在努力中实现自己的潜能和价值；我们愿意承担压力，是因为总有那些我们爱的人和爱我们的人，让我们为之奋斗；我们愿意承担压力，是因为压力的背后，正是生活的意义。

不同的应对压力的方式，会导致非常不同的结果。面对困难迎头而上，而不是企图逃避或否认，你就强化了应对压力的能力。你对处理生活难题的能力更自信，你就建立了强大的社会支持系统。能管理的问题得到处理，而不是恶性循环失去控制，不能掌控的情境就变成了成长机会。这样，如同其他思维模式一样，压力有益的信念成了自我实现的预言。

多数人都认为身体的压力反应是有害的。压力被看作该被杜绝的毒药，而不是应该开发的潜在治疗手段。根据传统观点，每当你双手冒汗、心跳加速或者胃痉挛的时候，就表示身体背叛了你。为保护健康和幸福，你认为，第一要事就是关闭这些压力反应。如果你是这样看待压力反应的，那是时候更新观念了。有些情况下，压力反应有害，而有时我们应该对压力表示感谢。你该学会驾驭它，培养抗压能力，而不是恐惧它。

日本哲学家西田文郎曾说过，“我愿非我心，人的心也并不是按照人的心愿行事的”，压力并不是旁人一句“加油”或者“振作起来”即可消除的。或许压力与自身的期望值有关，或许压力与未来发展的不确定性有关，或许压力与面临特殊的不适应情景有关。不管压力来源是什么，压力最终的解决者都是自己。无论是阅读、运动还是倾诉，志愿者要寻找适合自己的减压方式，让体育助残志愿服务发挥其实实在在的功效。

思考与讨论

1. 试着列出自己在助残志愿服务过程中可能产生的心理问题，并按重要程度排序。
2. 预防压力的方法有哪些？最适合自己的方法是什么？
3. 什么是正念？简述正念的作用，以及如何利用正念缓解助残志愿服务产生的压力。
4. 你是如何管理压力的？请分条简述。
5. 介绍一本关于缓解压力的书籍并简述如何将该书的主旨应用于助残志愿服务过程中。

第五章

大学生体育助残志愿服务的组织与管理

本章导学：想要做好体育助残志愿服务，首先要做好志愿服务的组织与管理。古人说“工欲善其事，必先利其器”就是这个道理。那么，志愿者有什么义务和权利？如何管理、培育大学生体育助残志愿服务社团？他们又是如何参与体育助残志愿服务活动的？在活动前、中、后又该如何进行体育助残志愿服务的组织与管理？本章将详细论述大学生体育助残志愿服务的组织与管理，帮助大家更好地理解体育助残志愿服务。

第一节　大学生体育助残志愿者招募、选拔与培训

一、大学生体育助残志愿者招募条件

大学生体育助残志愿者招募的基本条件如下：

（1）自愿参加助残志愿服务。

（2）身体健康，品行端正，无特殊及重大疾病。

（3）遵守中国法律、法规。

（4）了解志愿者政策。

（5）能够参加助残志愿服务的培训及相关活动。

（6）能够按照志愿服务组织机构安排的时间和岗位提供助残志愿服务。

（7）具备助残志愿服务岗位必需的专业知识和技能。

二、大学生体育助残志愿者招募流程

大学生体育助残志愿者招募的流程是：制订方案→组建团队→报名登记→审核录用。

（一）制订方案

根据志愿者的数量需求、素质需求、专业需求、服务需求和来源需求等制订大学生体育助残志愿者招募管理工作方案。

（二）组建团队

根据大学生体育助残志愿者招募工作实际情况，确定大学生体育助残志愿服务团队组织架构和组织规模，组建招募工作小组，确保大学生体育助残志愿者招募工作有序、有效开展。

（三）报名登记

1．启动报名

采用网络报名、现场报名和电话报名相结合的方式，启动一定日期内的大学生体育助残志愿者报名登记工作。

2．材料初审

招募工作小组以全面信息审核为主、个人重点核实为辅的方式，对相应类型报名人员的申请资料进行初步审核和筛选，以此为大学生体育助残志愿者招募工作后续流程奠定基础。

3．测试选拔

招募工作小组根据申请人的基本条件和岗位意愿等，对申请人进行相应岗位服务常识测试。测试方式包括笔试和面试，以此确定预录用人员并使其与志愿服务岗位高度匹配。

（四）审核录用

1．人岗对接

志愿服务组织确定被招募的志愿者分别属于组织中的何种岗位。

2．审核注册

志愿服务组织负责将完成人岗对接的预录用人员信息分批提交到大学生助残参与人员注册中心，由该中心进行背景审核和登记注册。

3．签署承诺及发放录用通知书

组织预录用人员签署《大学生体育助残志愿服务承诺书》，并及时回收。志愿服务组织根据《大学生体育助残志愿服务承诺书》签署情况，向大学生体育助残志愿者发放《大学生体育助残志愿者录用通知书》，以此确定大学生体育助残志愿者名单和数量。

4．数据统计

统计分析大学生体育助残志愿者名单和数量，为大学生体育助残志愿者运行管理工作提供信息支撑。

5．人员流失、补充和调剂

大学生体育助残志愿者招募工作基本结束后，及时为由于特殊原因退出大学生助残志愿服务的人员办理调换退出手续，并从候补人员中择优录用，补充调剂，尽力确保大学生体育助残志愿者的数量和质量。

三、大学生体育助残志愿者资格审查

大学生体育助残志愿者必须以实名制的形式报名，以便志愿服务组织在材料初审阶段进行公平、公正、公开的资格审查。只有通过资格审查的大学生体育助残志愿者才可以进入测试选拔阶段。大学生体育助残志愿者资格审查主要分为两个阶段：初审阶段和复审阶段。

（一）初审阶段

初审阶段主要针对志愿者在报名阶段填报的信息进行简单审查。

（二）复审阶段

复审阶段主要针对报名志愿者的基本信息，结合网络报名志愿者的档案，进行分类和筛查，分门别类地搜索高校在校大学生、老师等，并将不符合志愿服务要求的报名者筛查出去。

四、大学生体育助残志愿者选拔

（一）选拔原则

1．优先原则

优先选拔已具有丰富的服务经验、熟练的专业技能、优良的个人品质的在校大学生，以保障志愿服务的质量。

2．就近原则

为了减少财力、物力、人力的浪费，同时也为志愿服务能够顺利进行提供人员保障，志愿者招募应就近就便。

3．宁缺毋滥原则

“一个萝卜，一个坑”，志愿者的安排也是同样的道理。志愿者选拔和安排都要求精英中选精英，适合中选适合，避免学校和社会资源的浪费。

（二）选拔流程

大学生体育助残志愿者选拔流程：简单笔试→现场面试→测试选拔→确认录用。

1．简单笔试

志愿服务组织会根据志愿服务内容，出一些简单的测试题，包括基本常识、专业知识等。只有在规定时间内取得60分及以上的报名者才可进入现场面试阶段。

2．现场面试

由志愿服务组织针对报名者在报名前所填报的志愿服务类型，对报名者的相关能力进行现场考查，合格者进入培训阶段。

3．测试选拔

根据申请人的基本条件和岗位意愿等，对其进行相应岗位服务常识测试。测试方式包括笔试和面试，以此确定预录用志愿者并使其与志愿服务岗位高度匹配。

4．确认录用

志愿服务组织与被录用者签署志愿协议，并且向其发放录用通知，确认报名者已被录用。

五、大学生体育助残志愿者培训

（一）培训内容

大学生体育助残志愿者的培训内容一般有：通识培训、专业培训、岗位培训、素质拓展培训和骨干培训。

1．通识培训

通识培训是一项让志愿者在短时间内，对大学生体育助残志愿服务基本活动内容有所了解的培训。其内容包含志愿服务组织的由来与简介、本地的风土人情、助残志愿服务的相关常识等。它是针对全体志愿者，以集中授课为主的形式开展的培训。其作用主要是使志愿者具备基本的助残志愿服务知识和服务技能，帮助志愿者熟悉基本的助残服务意识及较为熟练地运用基本服务技能。

2．专业培训

专业培训是针对身处专业性极强的岗位的志愿者进行专业性知识的培训，从而保证大学生体育助残志愿服务顺利、安全地进行。这项培训属于强化性培训范畴。根据服务岗位的专业要求，实施相关专业知识和技能的培训。针对残疾人特点进行的专业知识培训，并不属于生活常识的范畴，是不被普通志愿者所了解的；但是，想要做好对残疾人的服务，这部分知识又至关重要。因此，专业培训是所有培训中的重中之重。

3．岗位培训

在完成通用培训和专业培训的基础上，结合分配的相关岗位，对志愿者进行岗位细则、工作任务、业务流程等内容的实践培训。针对组织结构、工作团队、规章制度、行为规范等内容的岗位培训，其内容包含岗位职责、志愿服务任务、志愿服务流程和操作规范等。岗位培训是一个很琐碎的环节，同时也具备很强的实践性和操作性。志愿者在该阶段应注意理论与实践相结合，让自己通过岗位培训能较好地承担自己的志愿工作。

4．素质拓展培训

素质拓展培训是指以体育技术为原理，充分整合各种资源，融入科技手段，运用独特的情景设计，通过独特的专业户外项目体验，帮助志愿者改变态度及心智模式以期完善行为的培训方式。它以培养合作意识和进取精神为宗旨，帮助志愿者组织激发成员的潜力，增强团队的活力、创造力和凝聚力，以提升志愿者团队的积极性。它是志愿者，尤其是骨干志愿者在志愿服务期间应对突发事件及压力的重要技能。

5．骨干培训

骨干培训是针对骨干志愿者而开展的培训，使骨干志愿者拥有较好的管理技能，更能熟练地带领好自己所在的志愿者服务团队并顺利完成志愿服务组织委派的任务，保证助残志愿服务顺畅运行。其内容包含决策能力、信息有效传达和突发事件处理等管理方面的知识。其作用是加深志愿者骨干人员，特别是志愿者管理人员对助残志愿服务的认识和理解，提高他们的组织力、领导力，以及应对、处理突发事件的能力。

（二）培训方式

1．集中授课

志愿服务组织为了保证志愿者的学业，通用培训阶段主要安排在学校的无课日进行集中授课。

2．个人自学

为弥补授课培训阶段的时间有限而引起的培训效果不够及知识点繁杂不易记忆等，志愿服务组织将在培训阶段给每位志愿者发放助残志愿服务通用培训教材，供志愿者在个人自学与集中授课中使用。

3．实操演练

“台上一分钟，台下十年功。”志愿服务组织为志愿者提供将集中授课和个人自学的志愿服务知识进行实操演练的热身实习机会，由此检测通用培训的不足，以及满足志愿者现场咨询的需求，为正式服务奠定基础。

（三）培训阶段

大学生体育助残志愿服务培训主要分三个阶段，即通用培训阶段、实操演练培训阶段和强化培训阶段。

1．通用培训阶段

本阶段是以集中授课和个人自学相结合的形式对志愿者进行基本的服务技能、志愿服务的常识等相关基本知识的大面积的通识培训。该培训阶段的对象是全体志愿者。志愿者在该阶段培训中，应重点把握四点：①明确助残志愿服务的相关常识；②较为熟练地掌握助残志愿服务的技能与礼仪；③学会自我心理调节以及应急技能；④明确自己所服务的岗位职责，以便在实操演练培训阶段能顺利上岗。

2．实操演练培训阶段

实操演练培训阶段是志愿者模拟正式服务的实习阶段。该阶段是一个发现问题和解决问题、理论与实践结合的阶段。志愿者在该阶段应注意：①要及时、准确地找到自己的岗位，做好岗位相关信息的记录；②听从负责人的指挥，学会就地发现问题，就地解决问题；③学会写日记和做日总结；④要做到用眼观察，用心记忆，用脑思考。

实操演练培训阶段，志愿者应该随身携带笔记本和笔，在不懂、易忘的地方要随手记下，关键部分做好重要笔记，以便在正式服务中能随时查阅。

3．强化培训阶段

强化培训阶段是志愿服务实操演练后的总结汇报阶段。本阶段是对模拟服务期间发现的问题进行汇总，并一次性处理，达到“上岗零疑问，离岗满自信”。它更是志愿者正式上岗进行助残志愿服务前的动员时期。每个志愿者都应把握好这个阶段，利用好这个阶段，踊跃提出实操演练中出现的问题以及自己在助残志愿服务过程中碰到的疑问等，做到“早提出，早解决”。

一名优秀的志愿者应做到善于总结，善于思考，不畏艰难，用心做事，用脑学习。

第二节　大学生体育助残志愿服务社团管理

一、大学生体育助残志愿服务社团管理的原则

大学生体育助残志愿服务社团管理的原则，是社团未来发展需要遵循的基本思路和明确化、规范化的客观要求。只有明确基本原则，才能使社团的管理按照更科学、更健康的可持续发展道路不断创新，不断前进，才能使成员在社团工作和活动中不断提高专业技能、业务水平、人文素养，增强人际沟通能力、服务能力和组织协调能力。

（一）科学化原则

大学生体育助残志愿服务社团肩负着服务残疾人康复健身的重要任务，有助于弥补政府与社会在提供残疾人体育公共服务方面的不足，有利于促进残疾人的体育参与，是残疾人与社会沟通的桥梁，是建设全面小康社会的重要力量。因此，大学生体育助残志愿服务社团的管理，须在时代精神的指引下，以科学发展观为指导，坚持科学管理。①根据残疾人体育需求及社会发展需要，在残联的指导下，构建科学的管理组织，理顺不同职级的管理关系和权限，优化管理机制，制定科学合理的管理制度，规范社团的运作。②加强科学管理的学习。管理过程中，鼓励管理者学习科学的管理理论，树立科学发展观，将管理理论和残疾人体育发展目标有效结合起来，把科学管理理念运用到管理实践之中，指导社团的各项管理工作，充分把握残疾人的体育实际需求，满足残疾人个体发展的需要。③以科学发展观为指导，建设社团管理制度、活动开展制度等，让科学管理伴随社团管理的各个环节，真正实现大学生体育助残志愿服务社团管理的科学化。

（二）社会化原则

大学生体育助残志愿服务社团是自愿组成的非政府、非营利的组织，是实现残疾人体育的基本保障和体育公共服务的重要社会力量，是发展中

国特色残疾人体育事业的重要组成部分，其管理应遵循社会化原则。大学生体育助残志愿服务社团是残疾人体育需求在社会发展中的反映，残疾人有哪些体育需求，社团就会据此开展哪些体育助残志愿服务，进一步提高社团成员的知识和技能水平，满足残疾人的体育需求。社会化管理，有利于社团走出象牙塔，拓宽社团经费来源，社团通过赞助、合作等途径有效利用社会资源，将体育助残志愿服务推向更大范围和更高层次，在更大范围和更高层次上开展活动，实现社团的社会化管理和运作。为促进大学生体育助残志愿服务社团的社会化管理，应当鼓励和推动社团走向社区、企业，通过与企事业单位密切合作，大量开展公益、体育助残服务活动，以社团的社会化运作来促进社团的社会化管理。

（三）规范化原则

大学生体育助残志愿服务社团要按照法律、法规、政策的规定，不断强化自律机制和创新机制，以服务残疾人体育为己任，努力做优做强，不断提升综合能力，推动社团工作的规范化管理。首先，严格按章程办事，建立健全以章程为核心的各项规章制度，规范内部人事、财务、档案等制度建设，提高自我管理水平和自我服务能力，完善治理结构，增强志愿服务活动规范化策划和运作能力，提高活动组织实施能力，加强与政府、社会、市场的规范协调沟通。其次，成员增强遵纪守法意识，自觉遵守各项法律、法规、政策，主动接受业务主管单位和登记管理机关的指导与监督。再次，加强社团内部工作制度建设。一套较为完善的社团内部工作制度是社团有效运转的有力保障，社团管理者应当建立并完善包括定期会议制度、定期检查制度、经费使用制度、内部民主管理制度、社团事务公开制度、成员的招录与退出制度等必要的基本制度规范，让社团的基础工作和活动做到有章可循和违章必究，提高社团运转的制度化和规范化水平。

二、大学生体育助残志愿服务社团管理实施

大学生体育助残志愿服务社团，是基本社会组织的重要形式之一，在推动残疾人体育事业发展方面，具有人才、技术和体制等方面的优势。一个优秀的体育助残志愿服务社团，可以在残疾人体育事业中起到引领和促

进服务水平提升的作用；相反，一个管理不规范、体制不健全、发展不和谐的社团，则会阻碍残疾人体育事业的发展。实施大学生体育助残志愿服务社团管理，必须以政策、法规建设为先导，积极推动社团组织市场化、规范化、专业化、创新化，积极探索社团管理方式，最大限度地激发社团活力，满足残疾人体育需求。

（一）组织结构

组织结构是表明组织各部分排列顺序、空间位置、聚散状态、联系方式以及各要素之间相互关系的一种模式，是整个管理系统的框架，指导工作任务的分工、分组和协调工作。大学生体育助残志愿服务社团，应在社长、副社长的主持下，办公室、组织部、外联部、宣传部、人事部、财务部，相互分工，协调工作，保持社团各项工作的有效开展，并逐步推动建立政府主导、部门联动、残联推动、社会互动的大学生体育助残志愿服务社团综合发展机制。

（二）社长及部门职责

1．社长

（1）主持社团全面工作，组织制订社团的发展规划。

（2）带领全体社员积极配合上级的管理工作。

（3）维护社员的合法权益，召集和主持部长办公会、会员大会。

（4）指导、检查、督促各会议决议的落实与执行。

（5）代表社团审批相关文件，组织开展监督、考核工作。

（6）做好年度工作总结。

2．办公室

（1）管理社员信息、公务档案、社团各级各类文件。

（2）做好社团会议记录，上交活动总结报告。

（3）负责各项大学生体育助残志愿服务活动的定位与策划报告的撰写。

（4）负责与各部门沟通，协助其他部门开展各项社团工作。

3．组织部

（1）组织、监督、协调其他各部门的工作开展。

（2）负责社团社员的会议活动，组织开展社员活动。

（3）组织开展各项大学生体育助残志愿服务活动。

（4）提供各项活动的后勤保障。

4. 外联部

（1）负责本社团与其他社团或组织之间的交流。

（2）负责与外部相关部门或单位建立合作互助关系。

（3）负责开展活动经费的筹集。

（4）协助其他部门开展社团各项工作。

5. 宣传部

（1）负责社团的宣传工作，包括展板、海报和宣传画的管理。

（2）通过各种形式宣传社团，扩大社团的影响力。

（3）通过视频、文字、照片等形式，展示活动成果。

（4）负责开展活动的信息发布及宣传。

（5）协助其他部门开展社团各项工作。

6. 人事部

（1）执行并完善社团的人事制度。

（2）根据社团发展需要，制订相关培训计划。

（3）组织并协助各部门进行社员招募、培训和评估等工作。

（4）协助其他部门开展社团各项工作。

7. 财务部

（1）制定社团财务制度及相应的实施细则。

（2）负责社团经费的管理，统筹安排经费的调度。

（3）负责日常费用审核及相关报销工作。

（4）定期总结上报经费开支情况。

（5）协助其他部门开展社团各项工作。

第三节　大学生体育助残志愿者管理

志愿者管理是保证志愿服务顺利高效进行的重要保障之一，因此，想要做好大学生体育助残志愿服务，就必须做好志愿者管理工作。为贯彻落实党的十八大和党的十八届三中全会精神，引导广大团员青年和社会公众广泛参与志愿服务，根据共青团第十七届代表大会及《中国青年志愿者行动发展规划（2014—2018）》要求，共青团中央对2006年颁行的《中国注册志愿者管理办法》进行了修订。新修订的《中国注册志愿者管理办法》对于进一步规范注册志愿者管理工作，大力弘扬“奉献、友爱、互助、进步”的志愿精神，推动志愿服务项目化运作、社会化动员、制度化发展，指导青年志愿者行动具有重要意义。

为了方便读者查阅以及理解，现将该办法陈列如下。

中国注册志愿者管理办法

第一章　总则

第一条　为规范志愿者注册工作，加强注册志愿者管理，特制定本办法。

第二条　志愿者（英文名称为Volunteer）是指不以物质报酬为目的，利用自己的时间、技能等资源，自愿为国家、社会和他人提供服务的人。

第三条　注册志愿者（China Registered Volunteer）是指按照本办法规定的程序，在共青团组织及其授权的志愿者组织注册登记、参加服务活动的志愿者。

第四条　志愿精神：奉献、友爱、互助、进步。

第五条　志愿者标识

注册志愿者标识（通称“心手标”）的整体构图为心的造型，又是英文“Volunteer”的第一个字母“V”，红色，图案中央是手的造型，也是鸽子的造型，白色。标志寓意为中国志愿者向社会上所有需要帮助的人们奉献一片爱心，伸出友爱之手，表达“爱心献社会，真情暖人心”和“团结互助、共创和谐”的主题。

第六条 每年3月5日是中国青年志愿者服务日，12月5日是国际志愿者日。

第二章 注册

第七条 基本条件

（一）年满十八周岁或十六至十八周岁以自己劳动收入为主要生活来源者；十四至十八周岁者，须经其法定代理人同意；未满十八周岁的在校学生申请注册的，按所在学校有关规定办理。

（二）具备参加志愿服务相应的基本能力和身体素质。

（三）遵守国家法律法规和注册机构的相关规定。

第八条 注册机构

市（地、州、盟）、县（市、区、旗）、乡（镇、街道）以及大中专院校团组织及其授权的志愿者组织为志愿者注册机构。

第九条 注册程序

（一）申请人直接到开展志愿者注册工作的团组织、志愿者组织提出申请或通过网络、通讯等方式提出申请，填写《志愿者注册登记表》。

（二）注册机构对申请人进行审核。

（三）审核合格，注册机构向申请人颁发注册志愿者证章。注册机构可根据实际需要，为注册志愿者编制本地管理服务号码。

第三章 权利和义务

第十条 权利

（一）参加志愿服务活动。

（二）接受相关的志愿服务培训，获得志愿服务活动真实、必要的信息。

（三）获得从事志愿服务的必需条件和必要保障。

（四）优先获得志愿者组织和其他志愿者提供的服务。

（五）对志愿服务工作提出意见和建议。

（六）相关法律、法规、政策所赋予的权利。

（七）可申请取消注册志愿者身份。

第十一条　义务

（一）遵守国家法律法规及团组织、志愿者组织的相关规定。

（二）每名注册志愿者根据个人意愿至少选择参加一个志愿服务项目或活动，每年参加志愿服务时间累计不少于20小时。

（三）履行志愿服务承诺，完成志愿服务任务，传播志愿服务理念。

（四）自觉维护团组织、志愿者组织和志愿者的形象。

（五）在志愿者职责范围内，自觉维护服务对象的合法权益。

（六）自觉抵制任何以志愿者身份从事的营利活动或其他违背社会公德的活动（行为）。

（七）依法应当承担的其他义务。

第四章　志愿服务

第十二条　志愿服务

（一）志愿服务是指志愿者不以物质报酬为目的，利用自己的时间、技能等资源，自愿为国家、社会和他人提供服务的行为。

（二）志愿服务主要领域包括：扶贫济困、助老助残、社区服务、生态建设、大型活动、抢险救灾、社会管理、文化建设、西部开发、海外服务等。

（三）团组织、志愿者组织根据服务对象的需求，向注册志愿者发布服务信息、提供服务岗位，志愿者按照相关要求开展志愿服务。注册志愿者也可按照相关规定自行开展志愿服务。提倡具有相同服务意向和志趣爱好的注册志愿者在团组织、志愿者组织指导下结成志愿服务团队开展服务。

（四）注册志愿者参加志愿服务，应通过与志愿者组织或服务对象签定服务协议书等形式，明确服务内容、时间和有关的权利、义务。未满十八周岁的注册志愿者可参加与其年龄、智力相适应的志愿服务；未满十八周岁的在校学生注册后，按所在学校有关规定参与相关志愿服务。

（五）各级团组织、志愿者组织可依托服务需求相对集中的社会公益机构，通过签订协议、命名挂牌等形式创建志愿服务基地，探索建立志愿者经常性、就近就便开展志愿服务的有效机制。

（六）各级团组织、志愿者组织要推进志愿服务平台建设，形成实体型、网络型、复合型平台。鼓励依托网络新媒体组织开展志愿服务活动，同时应面向社会公开相关信息，遵守有关法律规定。

第五章　组织与管理

第十三条　组织机构

（一）共青团中央、中国青年志愿者协会负责全国注册志愿者工作的规划、协调和指导。

（二）省级团委、志愿者协会根据本地区、本系统的实际，制定相应的实施细则，广泛推行志愿者注册制度。根据实际需要，也可直接开展志愿者注册工作。

（三）市、县两级团委应普遍建立志愿者专门工作机构和志愿者协会，安排专人负责志愿者注册和管理工作。

（四）县级以下基层团组织应通过建立志愿者协会、创建志愿者服务站、培育志愿服务伙伴、发展志愿者服务队和服务团队等形式，广泛开展志愿者注册工作，实现志愿者注册和服务的便利化。

（五）社区和机关团体、企事业单位、中学的团组织、志愿者组织（含志愿者服务站、服务队、服务团队等），经所在地注册机构同意可以开展志愿者注册工作。

（六）注册机构及其下属的团组织、志愿者组织负责志愿者的管理服务，建立健全宣传动员、注册登记、管理培训、考核评价、激励表彰、个人信息保密等制度。

第十四条　日常管理

（一）注册志愿者参加志愿服务后，由服务对象或组织者提供志愿者的服务时间、服务内容等证明，注册机构及其下属团组织、志愿者组织予以认定。服务时间为实际服务时间（不含往返时间），以小时为单位计量。

（二）注册机构应建立健全注册志愿者档案和信息管理系统，逐步实现网上注册和管理，促进管理工作的科学化、制度化、规范化。

（三）注册志愿者使用全国统一的标识。开展志愿服务活动时，注册志愿者应佩戴以全国统一标识为主体图案的标志。志愿者旗帜和服装以红、蓝、白为基本色调。

（四）注册机构可在重大活动时或定期组织志愿者进行宣誓。志愿者誓词："我愿意成为一名光荣的志愿者。我承诺：尽己所能，不计报酬，帮助他人，服务社会，践行志愿精神，传播先进文化，为社会进步贡献力量！"

（五）注册志愿者培训工作主要由注册机构及其下属的团组织、志愿者组织负责，对注册志愿者申请人进行志愿服务基本理念培训，定期向注册志愿者提供志愿服务相关技能等方面的培训，向志愿者骨干提供专门的培训，提高志愿者的服务能力和综合素质。

（六）团组织、志愿者组织应探索和完善注册志愿者服务时间储蓄制度，使注册志愿者在本人需要帮助时，优先得到志愿者组织和其他志愿者的服务。

（七）对拒不履行义务的，注册机构可取消其注册志愿者身份。

（八）注册志愿者在志愿者组织安排的志愿服务过程中对服务对象造成损害的，由志愿者组织承担责任；志愿者组织承担责任后，有权向有故意或者重大过失的注册志愿者追偿。

（九）各级团组织、志愿者组织应逐步建立志愿者权益保障机制。依据有关法律法规、政策规定维护志愿者正当权益，推动建立志愿者保险和应急基金，做好相关救助和慰问工作。如服务对象在接受服务过程中对注册志愿者造成损害，志愿者组织应当支持受损害的注册志愿者向有关服务对象追偿损失，并提供必要的帮助。

第六章　激励和表彰

第十五条　团组织、志愿者组织应完善志愿者评价机制，组织实施星级认证制度，评选表彰和奖章授予制度等。

第十六条　星级认证制度

星级认证制度由省级团委、志愿者协会组织实施。注册机构负责具体认证工作，根据志愿者注册后参加志愿服务的时间累计，认定其为一至五星志愿者。星级志愿者认定后，可由相关注册机构在其注册证上进行标注，并佩戴相应标志。

（一）志愿者注册后，参加志愿服务时间累计达到100小时的，认定为“一星志愿者”；

（二）志愿者注册后，参加志愿服务时间累计达到300小时的，认定为“二星志愿者”；

（三）志愿者注册后，参加志愿服务时间累计达到600小时的，认定为“三星志愿者”；

（四）志愿者注册后，参加志愿服务时间累计达到1000小时的，认定为“四星志愿者”；

（五）志愿者注册后，参加志愿服务时间累计达到1500小时的，认定为“五星志愿者”。

第十七条 评选表彰和奖章授予制度

各级团组织、志愿者组织主要依据注册志愿者的服务时间、服务业绩，根据有关规定，定期组织开展评选表彰活动，授予志愿者荣誉称号和相应服务奖章。共青团中央、中国青年志愿者协会定期组织开展中国青年志愿者优秀个人奖、组织奖、项目奖评选表彰活动。

第七章 附则

第十八条 长期在中国内地工作、学习、生活的港澳同胞、台湾同胞和海外华人华侨及外国人申请注册的，由注册机构会同有关部门按相关规定办理。

第十九条 本办法的修改、变更、解释权属于共青团中央青年志愿者工作部、中国青年志愿者协会秘书处。

第二十条 本办法自公布之日起施行。2006年颁布的《中国注册志愿者管理办法》同时废止。

除了国家颁布的条例，各个省、自治区、直辖市也会颁布各自的志愿服务条例，会在国家条例的基础上做出一些具体的规定，甚至有些高校也会有自己的志愿服务管理办法。因此志愿服务组织在参考条例的时候，必须把当地的条例作为指导志愿服务管理的具体指南来进行参照。国家条例在志愿服务管理中的角色就相当于宪法，如果下位的管理办法与之有冲突，那么应依照国家条例执行。

思考与讨论

1. 大学生体育助残志愿者应当符合哪些要求？
2. 如何在大学中招募和筛选志愿者？
3. 如何管理志愿者？应当遵守哪些条例和制度？

第六章

大学生体育助残志愿者团队建设

本章导读：在当今志愿服务百家争鸣的时代，如何才能建设独具特色并且专业的志愿服务团队成为重要的问题，品牌为志愿服务团队提供了一种崭新的视角和有力的理论工具。大学生体育助残志愿服务团队建设本就是一个复杂的动态过程，既包含团队内部的调试，又包括团队外部的形象树立。大学生体育助残志愿服务团队到底应该如何打造特色？基于品牌理论基础视角应如何建设大学生体育助残志愿服务团队？建设过程中有哪些必不可少的品牌元素？这些元素又分别为大学生体育助残志愿服务团队建设提供了何等援助？本章将介绍大学生体育助残志愿服务团队的品牌培育。

第一节　大学生体育助残志愿服务团队制度建设

没有规矩不成方圆，想要打造一个优秀的大学生体育助残志愿服务团队，建立科学的团队制度是必不可少的。制度，又称建制，是社会科学概念。从社会科学角度来理解，制度泛指以规则或运作模式，规范个体行动的一种社会结构。而通俗地说，制度就是社会组织或团体，要求其成员共同遵守并按一定程序办事的规程。《论语》道："工欲善其事，必先利其器。"团队制度就是这样一把利器，为建设一个优秀的、可持续发展的团队披荆斩棘。

一、大学生体育助残志愿服务团队制度建设存在的问题

任何团队的制度建设都是一个循序渐进的过程。随着团队建设的不断发展，各种问题都会一一浮出水面，团队的管理者如果可以及时发现这些问题，并解决这些问题，及时调整团队制度中不合理的部分，就可以充分地发挥团队制度本身应有的作用。然而在现实情况中，往往由于团队制度建设存在问题，直接影响了团队活动的开展与目标的实现。这些问题大致有如下几种。

（一）大学生体育助残志愿者档案管理混乱

大学生体育助残志愿者是众多志愿者类型中的一种，其主要以体育作为手段帮助残疾人群体提高生活质量。志愿者档案作为记录这一群体服务行为的载体，逐渐受到社会大众的关注，同时清楚明了的档案管理是推进志愿服务团队建设的重要基础。然而现阶段，不论是社会志愿服务团队还是大学生志愿服务团队，在档案管理方面都处于较为混乱的状态。例如：某市一个高校志愿服务团队在招募时忽略了志愿者的档案建立，这对该组织后期的活动开展与志愿服务的时长认证产生了一定的影响，甚至有部分

志愿者都没有注册正式志愿者身份。

（二）团队协作不紧密，制度执行力较低，制度执行生硬

团队成员之间协作与互补的程度，在一定程度上是团队制度执行力的直接反映。志愿者团队建设是一个系统工程，需要团队管理者充分发挥其组织协调能力，调动各个岗位成员的积极性与主动性，保证团队中的每一个人都可以参与到团队的各项工作中，并逐渐成为团队不可或缺的一部分。这样才能使团队的内部协调统一，从而更加具有活力。但是，由于受到各方面因素的影响，目前大学生体育助残志愿服务团队的组织协调能力还较差，主要体现在：团队管理者的组织协调能力不足，志愿服务团队与其他服务组织之间的沟通缺失，志愿服务团队成员之间的协作较少等，最终导致管理者不得不强行推动团队制度的执行，这种生硬死板的工作方式极大地伤害了团队成员的积极性与主动性，并使得志愿服务团队的凝聚力受到破坏。

由此可见，当前大学生体育助残志愿服务团队建设存在的问题，不仅仅是制度层面的问题，而且是各种影响因素相互交织产生的结果。要解决这些问题，从根源上来说还是得首先解决制度建设问题，从根本上保障志愿服务团队成员的利益，解决成员的各项问题，进而形成良好的制度环境。

（三）团队奖惩制度不完善

奖惩制度是对团队成员履行职责状况优劣的双向评价体系，是一个团队必不可少的管理手段。适当的奖励与惩戒可以正向引导团队成员的行为规范，奖励与惩戒犹如硬币的两面，是既对立又统一的整体，缺一不可。志愿服务是不以收益为目的的非营利行为，但是不代表没有奖励与惩戒，单纯靠个人的行为来支撑的志愿服务团队是走不长远的。

例：在某次志愿活动中，小明同学与小刚同学一同参加。小明同学在活动进行时认真完成本职工作，积极参与活动；而小刚同学出工不出力，只是跟着人群看热闹。活动结束后，小明同学与小刚同学都获得了志愿者证书。小明同学不禁怀疑自己这样做是否值得。

在本案例中，小明同学认真完成本职工作，积极参与活动，却与随便参与一下活动的小刚同学一起获得了志愿者证书。这使得小明同学的积极性被打击，并产生自我怀疑，而出工不出力的小刚同学的积极性也并没能

得到提升。不完善的奖惩制度会使得成员积极性遭受打击，也使得团队的规范准则受到影响。

二、大学生体育助残志愿服务团队制度的特点

（一）指导性与约束性

团队制度是团队进行工作的指南针，它明确规定了应该做什么，不应该做什么。它是团队的行为准则，一经生效，整个团队的成员就必须严格遵守与执行，它对团队工作具有一定的指导意义。

（二）鞭策性与激励性

在日常工作中，团队制度像是戒尺和鲜花，同时悬挂在成员的头顶，使成员有自己的追求。制度起到的作用不仅是指导与约束，还有鞭策与激励。

（三）稳定性与创新性

规章制度既然是人们的行为准则，就不宜经常地变动和修改，应当具有相对的稳定性。因此，不可以将临时性、个别性的问题和暂时没有条件实现的问题引入团队制度。但是团队的规章制度绝对不是一成不变的，在时机成熟或者环境发生变化的时候，团队的管理者应当及时对制度做出改变并不断修正与完善它。一味地使用死板教条的团队制度对于团队的进步与发展会造成很大的阻碍，大学生体育助残志愿团队的管理者应当充分发挥当代大学生的积极性与活力，使团队制度推陈出新，具有一定的创新性。

三、大学生体育助残志愿服务团队制度建设的原则

就整个团队来说，大学生体育助残志愿服务团队是以大学生为主体，大学教师为指导，学生干部为主导的目标明确的志愿服务团队。为了顺利推动整个团队的进步与发展，团队制度的建设与优化便成为团队建设工作的重中之重。同时，每一个团队成员都有着自己的价值观念与行为准则，而每次的服务对象也各具特点，这就决定了大学生体育助残志愿服务团队制度建设的复杂性，这就要求我们在建立团队制度时必须遵守一定的原则。

（一）制度的制定应当具体、明确

团队制度作为团队进行工作的指南针，具有指导与约束团队成员参与团队工作的作用，加强制度建设是做好团队建设与工作的基础。要结合各部门实际情况，建立和完善各项制度，用制度加强团队内部的管理与监督工作。制度的制定必须遵守具体、明确的原则，要明确各个岗位的职责，清晰地告诉大家做什么、何时做、如何做，规范团队成员的行为，防止团队工作的随意性。

（二）制度的制定要有利于团队的可持续发展

制度的制定是为了促进团队的发展，好的团队制度是推动团队迅速、稳定、长期发展的基石。团队的可持续发展是团队制度建设的落脚点与出发点。团队成员的特点、分工、结构组成等都是影响团队可持续发展的重要因素，团队管理者应当将大学生体育助残志愿服务团队的独有特点与影响团队可持续发展的种种因素结合到一起，建立一系列有利于团队可持续发展的优秀制度。

（三）制度的制定要有利于优秀团队文化的培养

从本质上来说，制度是文化的凝练，不同的文化就会对应着不同的制度。随着文化的不断发展，制度也应当及时地调整与完善，否则就会因为不能适应文化的发展而最终被抛弃。但是，制度不是文化的附庸，制度是文化发展的护航者与领航员，好的制度能够保证文化发展的相对一致性。同时，一个没有文化积淀的团队，注定会随着时间的推移而消失在历史的长河之中。只有符合优秀团队文化发展的规律与特征，才有利于优秀团队的组织与建设。

（四）制度的制定要有利于团队凝聚力的形成

团队凝聚力是团队的信念、追求的综合体现，是团队的灵魂。团队凝聚力的形成是一个多层次的动态过程。底层凝聚力应该以情感互动为基础，在此基础上向统一价值观过渡，最终实现共同目标的上层凝聚力。所以团队凝聚力的形成，不应单单靠团建活动去拉近成员之间的感情，制度层面的把控与引导也是管理者必须考虑的关键点。

四、大学生体育助残志愿服务团队制度建设的内容

（一）健全档案管理制度

档案管理，不仅仅是简单的成员信息收集与管理，还包括了志愿者参加志愿服务的时间和地点、志愿服务的时长、志愿服务的类型、服务对象的满意度等多方面内容。志愿者档案管理应当随着社会的进步与发展不断地更新迭代，不应局限于纸质书面，还应该配合网络等各种不同的载体来进行。一份完整的志愿者档案应以志愿者个人立卷为单位进行保管，对其参与的志愿活动也应该记录完整，并且随着时间的变化，不断地进行更新与补充。

（二）建立内部选拔与外部申请相结合的考核机制

志愿活动规模的大小不同，对志愿者人数的要求也大不相同。当遇到较大型活动时，仅仅依靠团队成员可能远远不够，那么外部申请考核便是解决这一问题的良药。同时，大学生体育助残志愿服务团队所进行的活动是以残疾群体为受众，以体育为手段的特殊的志愿服务，需要志愿者有体育专业的基础。由此可将志愿者岗位分为固定岗位、专业岗位、流动岗位与一般岗位，固定岗位由管理者承担，专业岗位则由具有体育技能的志愿者负责，流动岗位与一般岗位由非专业的、通过外部招募的志愿者负责。当遇到较大活动所需人数较多时，便增设流动岗位与一般岗位，将招募面向所有在校学生，以满足活动开展的需求。

外部申请考核是为了活动顺利开展所进行的人员招募，而内部选拔考核则是给予团队固定成员奋斗的目标与警示。如果其成员多次无法参与活动或者无法完成本职工作，便应当离开固定岗位，将机会留给更具有能力的成员。

（三）建立合理的奖惩激励制度

建立合理的奖惩激励制度是提高志愿者工作积极性与主动性的一项有效措施。团队应当借助信任、奖励、关怀等措施，尊重志愿者的志愿服务工作，给予适当的奖励。例如：提供教育培训的机会，拓展他们的专业知识；组织他们与不同组织的志愿者交流经验；对优秀的志愿者进行表扬与

宣传，使其发挥自身的示范作用；营造良好的团队氛围；等等。同时，应当建立相应的惩罚机制，与偶尔不参与活动的同学进行谈话，确定其真实想法后给予正确、及时的处理；对长期不参与任何活动的同学给予劝退。团队要将奖励机制与惩罚机制有机地结合在一起，并且明确、严格地执行。

（四）建立安全保障机制

大学生体育助残志愿服务是一项有挑战性的专业志愿服务，志愿者不仅需要一定的体育基础，还需要对不同类型的残疾群体有所了解。在志愿活动开始后，志愿者常常需要与服务对象一对一接触，甚至是长期进行志愿服务。虽然志愿服务具有公益性，但是作为团队的管理者有责任也有义务保证志愿者的基本权利。在志愿服务过程中，不应忽视志愿者可能遇到的风险。团队要及时为志愿者提供基本的安全保障，如购买保险和报销额外开销费用等。同时要注意志愿者的心理状态，定期为志愿者提供心理测试与辅导。

除团队固定岗位成员外，对于流动岗位的志愿者也应当保证其基本权利，如获得与志愿活动相关信息的权利、获得参加志愿活动必要物资的权利，以及人身安全保障的权利等。同时，这些信息应当在对志愿者进行通识培训时予以明确。

（五）建立定期专业培训制度

残疾人群体分类众多，体育项目五花八门，怎样选择适合服务群体的体育项目，用该群体可以接受的方式进行服务，不是一次培训可以完成的。因此，应当建立定期按阶段划分的不同类型的培训，让志愿者充分了解自身职责，认清自身定位，确保志愿者在活动中、在了解服务群体的前提下，充分发挥自主意识，为活动的举办与团队的建设奠定基础。

设置不同类型的志愿者培训项目。例如：通识志愿服务培训、残疾人群体介绍培训、体育助残志愿服务技巧培训、残疾人体育志愿服务礼仪培训等。

大学生体育助残志愿服务团队是具有高度社会责任感、使命感和奉献精神的特殊团队，同时也是高校中独具特色的志愿服务团队。只有不断加强对志愿服务的组织、管理与志愿者培养，注重团队的制度建设，才能发挥其所有潜能，促进大学生体育助残志愿服务团队良性发展。

第二节　大学生体育助残志愿服务团队品牌建设

一、志愿服务品牌概述

我国的志愿服务还处在发展阶段，大众对志愿服务的认知还达不到西方的程度，但近年来国家大力推动志愿服务发展，志愿服务对整个社会的进步起到了无可替代的作用，能够解决政府的工作重心暂时无法顾及的社会痛点。2008 年北京奥运会期间，奥运志愿者在志愿服务过程中塑造了自己的品牌形象，并产生了品牌影响力，在大众媒介传播环境下，奥运志愿者品牌形象的影响力不断深入、拓展，已经超越了志愿者外在的显性的形象特征，形成了精神、文化层面的形象特质。2008 年作为志愿服务事业的里程碑，在十多年间，志愿服务从体能型快速朝专业化、智能化方向发展，各类志愿服务逐渐形成不同的品牌，志愿服务文化成为高校大学生崇尚的精神家园。

（一）品牌概念

品牌是市场营销学的重要概念。美国市场营销协会（AMA）将品牌定义为：用以识别一个或一群产品或劳务的名称、术语、象征、记号或设计及其组合，以和其他竞争者的产品或劳务相区别。最早明确提出真正意义的品牌概念的是美国的广告先驱大卫・奥格威。品牌是商品经济发展的产物，是企业内部资源整合能力的外在体现与市场有关主体形成产品感知和联想的互动结果。它是企业重要的无形资产，是企业应对市场变化、实现价值扩张的核心竞争力。

（二）志愿服务品牌

志愿服务品牌是品牌的一种具体表现形式。它是志愿服务团队以追求最大化的社会利益为核心价值观，体现个性化和差异性的服务特色，展示优势服务能力，形成良好知名度和美誉度，与相关利益群体达成良性的信息互动与沟通的综合性力量。它是志愿服务团队协调内外部要素的整合表现，是与政府、企业、社区和居民等力量进行信息互动的结果。具体而言，志愿服务品牌的构成是品牌社会认可、品牌物质载体和品牌精神文化等系统要素的互动作用的结果。品牌物质载体是志愿服务品牌形成的实体部分和外显性因素，比如志愿服务团队品牌的标识名称、术语、标志、颜色、图案、服饰，以及所拥有的硬件条件等。

（三）基于品牌理论的大学生体育助残志愿服务团队建设路径

本书将以非营利组织营销中的品牌理论作为研究的基本理论依据，在品牌理论的基础上探讨大学生体育助残志愿服务团队建设。根据上述志愿服务团队品牌元素可知，品牌塑造的过程包括四个基本要素，即品牌定位、品牌设计、品牌传播、品牌延伸与保护（图 7–1）。

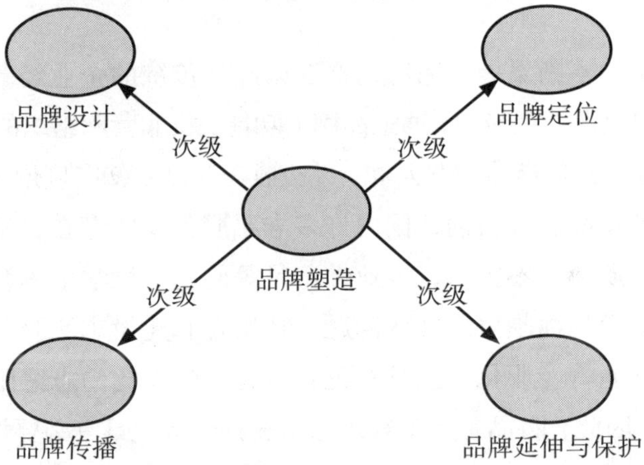

图 7–1　志愿服务品牌主元素

具体而言，品牌元素贯串于志愿服务团队建设当中，品牌在志愿服务团队定位设计、志愿服务团队管理中具有举足轻重的地位。在大学生体育助残志愿服务团队建设的过程中加入品牌的元素，就是将品牌理论融入志愿服务团队建设。

结合体育助残的专业性与志愿服务团队建设过程的品牌元素，可沿以下路径进行体育助残志愿服务团队的品牌化建设。（表 7–1）

表 7-1 大学生体育助残志愿服务团队品牌化建设路径

建设项目	具体步骤
大学生体育助残志愿服务团队品牌定位	大学生体育助残志愿服务团队定位
	残疾人体育需求定位
	大学生体育助残志愿者定位
大学生体育助残志愿服务团队品牌设计	大学生体育助残志愿服务团队形象识别设计
	大学生体育助残志愿服务质量营销
大学生体育助残志愿服务团队品牌传播	搭建体育助残志愿服务团队公共关系
	大学生体育助残志愿服务团队广告宣传
大学生体育助残志愿服务团队品牌延伸与保护	大学生体育助残志愿服务品牌的延伸
	大学生体育助残志愿服务品牌的保护

二、大学生体育助残志愿服务团队品牌建设

随着社会的不断发展，品牌的概念已经从传统的企业经营管理蔓延到非营利组织的建设管理当中，通过品牌的功能，将非营利组织的文化、目标、服务、理念等元素传递给受益人群，并吸收美誉度及知名度形成品牌资产，最终形成非营利品牌。目前，国内许多志愿服务团队存在目标不明确，志愿服务特色同质化、不突出，专业性不足等问题。大学生体育助残志愿服务团队不可避免地面临着同样的问题，在培育和建设志愿服务团队的过程中，也期待着能将专业化、独具特色、富有品牌文化的志愿服务传递给所有受益对象。因此，将品牌元素融入志愿服务团队中具有必要性与重要性。

随着志愿服务越来越深入人心，更专业、更具特色的志愿服务成为志愿服务团队长足发展的核心。将品牌构建的理念应用在志愿服务团队的建设当中有利于培育团队文化，树立团队形象，增强团队凝聚力，提高志愿服务的市场占有率；优质志愿服务团队应在建设与培育的过程中树立志愿服务品牌，并针对体育助残的志愿服务专业特色，建立大学生体育助残志愿服务团队的品牌塑造模式。

（一）强化大学生体育助残志愿服务团队品牌设计

大学生体育助残志愿服务团队和志愿服务组织者，不仅要纯粹地从事公益事业，还要在做志愿服务的过程中不断地磨砺出独具特色的志愿服务模式，立足于志愿服务的长足发展，以己为模范，使更多的志愿服务团队效仿。

1．设计清晰的品牌识别系统

设计独具一格的志愿服务品牌识别系统并不困难，但如何让人从组织的名称、口号、符号、图标徽章或是吉祥物上对团队的服务一目了然，且让人印象深刻，这十分重要。这不仅代表服务对象对你的专业性的表层理解，也是对志愿者团队的归属感的加成。大学生体育助残志愿服务团队在设计品牌识别系统的过程中，必须将体育文化的魅力展现出来，同时也要充分体现出对服务对象的尊重。

2．塑造具有特色的品牌个性

一个团队是青春洋溢，还是死气沉沉，可以通过其品牌看出来。品牌的魅力往往能够还原团队在人们心中的总体印象，大学生志愿服务本就是青春的品牌，那体育助残志愿服务团队又应该体现什么样的特色呢？在团队的建设过程中，往往会被贴上很多标签，而这些标签就是志愿服务团队建设过程中所表现出来的个性，或许这些标签褒贬不一，而作为团队的管理者，要做的仅是将那些富于正能量的标签不断放大，树立正面的根深蒂固的品牌形象。

3．树立明确的团队目标

大学生体育助残志愿服务团队作为一个组织，必定有其服务的宗旨、初衷或者目标，目标的作用不仅是让服务对象知道如何前进，还是对志愿者的一种鞭策，督促其朝着目标前进。志愿服务团队的目标不应该设得太宏大，应该审视团队的能力而进行设定。大学生体育助残志愿服务团队应该从服务对象受众面的扩大、志愿者数量的增长、服务范围的扩大、志愿服务模式的推广着手，为团队树立一个清晰的目标，以帮助团队成长扩大。

（二）找准大学生体育助残志愿服务团队品牌定位

任何志愿服务都是基于一定的志愿服务理念，在一定的社会志愿服务需求推动下设立的。其实，志愿服务需求就好比商品市场，只有摸清志愿服务市场的脉络，把握志愿服务的方向，才能完成志愿服务的终极目标。

1．从残疾人的体育需求着手

大学生体育助残志愿服务团队，首先，要对志愿服务领域有一个总体的把握，要清晰助残领域、体育助残领域、体育助残志愿服务领域等方面的变化形势。其次，必须要设计清晰明确的志愿服务项目，从具体的残疾人体育需求着手，从残疾人的利益出发，为残疾人服务。

2. 从服务对象类型着手

到底服务什么类型的残疾人，这点是需要明确的。最大程度上做到精准服务，首先就是准确地定位服务对象。在设计志愿服务项目的过程中，不同年龄段、不同类型的残疾人，或是有更多不同生理、心理特点的残疾人，其体育需求是不同的，只有深入了解各类残疾人的特点与需求，从团队的助残能力出发，才能明确团队的定位。

3. 从大学生志愿者着手

对于大学生体育助残志愿服务，大学生就是一个品牌。年轻的志愿者能给志愿服务带来新鲜血液和强劲动力。大学生体育助残志愿服务团队在服务对象的同时，对志愿者的培养也是其核心的品牌。一个出色的团队对志愿者的吸引力是毋庸置疑的，而团队与志愿者的需求也是双向的。团队若能从激励志愿者的发展出发，促进团队的发展，也是一种品牌效益。

（三）加强大学生体育助残志愿服务团队品牌传播

大众对于公众事件的关注度与日俱增，媒体也在传播社会信息中发挥着巨大的作用，任何消息都能在短时间内传播到社会的各个角落。在这样的情况下，志愿服务团队的一举一动都会处在社会公众的视野当中。毫无疑问，这会非常有利于宣扬志愿服务工作，但是，在这样一个信息爆炸的时代，并非谁的消息多谁就可靠，精益求精才是王道。

1. 利用多媒体推广志愿服务团队及项目

在目前信息爆炸的时代，多媒体平台不胜枚举，微信公众号、微博等平台都能够用于志愿服务团队的宣传。大学生体育助残志愿服务团队就应该发挥高校的优势，吸收平台运营的专业学生，将志愿服务宣传常态化，将志愿服务项目转化为志愿服务栏目，以便更好地进行对外宣传和活动总结。当然，也可以开发体育助残的特色视频栏目，以便残疾人学习。

2. 利用名人效应

在公众影响中最大的应该是名人效应，在大学生体育助残志愿服务活动中，可以邀请一些名人参与有媒体报道的志愿服务活动，以达到更好的宣传效果。如邀请体育明星，或是体育名人，或者在校园内邀请师生明星参与志愿服务，以达到宣传的目的。

（四）形成大学生体育助残志愿服务团队品牌资产

如果将志愿服务团队比作一个品牌，那么其志愿服务的口碑、专业性、规范性都将是志愿服务团队的品牌资产，团队的荣誉、奖项都将不断叠加在志愿服务团队品牌资产当中。大学生体育助残志愿服务团队的特点决定了其志愿者会每年轮换。如何传承志愿服务，使其历久弥新是志愿服务团队建设的一个难题。

适当地将团队的荣誉、口碑形成一种文化，尤其是让志愿者感受到团队的文化氛围，增加志愿者的组织认同感，同时也要向外部蔓延，让更多的人了解志愿服务团队，打造一个有故事、有内容、有历史的志愿服务团队。大学生体育助残志愿服务团队可以设计外部展览碑或者展览馆，陈列志愿服务团队的活动纪实、重点项目、荣誉及故事等，增加志愿服务团队的文化底蕴。

以“传帮带”模式作为大学生体育助残志愿服务团队人才培养的方式无疑是最合适的，志愿者们在学习和了解志愿服务团队文化之后，将团队的文化、荣誉、助残专业知识、技术等内容都传给下一届志愿者，这不仅具有仪式感，还能成为体育助残志愿服务团队的品牌文化。

当然，志愿服务团队的品牌资产积累并不是一蹴而就的，需要正确的服务方向和时间的磨砺。

（五）增加大学生体育助残志愿服务团队品牌合作

谈到合作，人们往往想到同等级的组织间合作，但大学生体育助残志愿服务团队更多地要和其他单位或者部门合作，以此来形成一种“1+1 > 2”的活动效果。大学生体育助残志愿服务团队要与当地的残联或是各类残疾人协会等进行长期的合作，这种合作要有所依据，达成长期或短期的协议来更好地形成合作网络，发挥其他单位的优势，如宣传平台、资金、受益范围等，以促进体育助残志愿服务团队的品牌建设。

当然，其他与公益组织的合作也可以帮助团队更好地树立品牌，他们拥有更专业的管理方式和更全面的包装手段，有利于更好地促进志愿服务团队的发展。

大学生体育助残志愿服务团队与企业的合作有利于解决资金和各类资源的问题，但要权衡利弊，志愿服务团队不能完全成为企业树立公众形象所利用的工具。

第三节　大学生体育助残志愿服务项目设计

志愿服务项目质量的高低，直接影响到志愿服务的好坏。一个好的项目应该从社会矛盾出发，立足于一个很小的点去解决社会矛盾。因此，设计好的志愿服务项目成为大学生体育助残志愿服务的首要环节。

一、大学生体育助残志愿服务项目设计原则

对于如何判断一个志愿服务项目的好坏，不同的学者对不同的团队和服务对象有不同的评判标准。本节围绕项目的必要性和重要性及可行性、创新性，总结出了以下几条原则。

（一）符合残疾人对象的要求

只有残疾人自己才能决定他们到底想要什么，那么从体育助残的角度出发，在志愿服务前需要调研绝大部分残疾人最想要获得什么样的体育活动支持，只有不断了解残疾人的需求才能更好地服务于残疾人。

（二）与志愿服务组织的宗旨吻合

大学生体育助残志愿服务团队自成立起就应该明确自己的任务是为社会上的残疾人提供体育指导服务，或是从事与残疾人体育有关的服务项目，其宗旨都是为残疾人提供一种无障碍的体育环境。而在这个大目标下，也有许多阶段性的小目标，即帮助不同残疾程度的残疾人实现其具体锻炼目标。

（三）在志愿服务组织的能力范围之内

大学生体育助残志愿服务团队的服务能力取决于团队的规模、人数、财务状况等因素，因此，设计志愿服务项目时必须考虑团队的能力，任何超过志愿服务团队能力的项目，哪怕构思再新颖，服务对象需求再大，也是空中楼阁。

（四）在残疾人体育领域具有一定的创新性

目前，我国已经有许多优秀的志愿服务品牌，在这一形势下，大学生体育助残志愿服务团队想要在特定的志愿服务领域开拓独具特色的志愿服务项目，就必须具有创新性，避免重复建设。

二、大学生体育助残志愿服务项目设计步骤

（一）需求评估

1．大学生体育助残志愿服务领域的整体把握

大学生体育助残志愿服务团队在具体设计志愿服务项目的过程中，必须对体育助残志愿服务的大环境、服务对象有清晰的认识和把握，并且要保证项目紧扣时代脉搏。团队可通过多种途径获得各类残疾人体育需求信息，密切与其他相关组织进行交流，获取更多的信息和资料，准确评估并定位项目的执行范围和内容。

2．对自身服务能力的了解

大学生体育助残志愿服务团队应该做到量力而行，即根据自己的活动能力和掌握的各种资源的数量，对是否开展某项目进行取舍。另外，组织还需考虑是否具有长期开展项目的财力和志愿者数量，任何志愿服务项目的构建都是基于一定服务力量和资源的。

3．公众对志愿服务项目的认同感

面临着公众对志愿服务团队和志愿服务项目的高度关注，志愿服务团队应该考虑公众对项目的作用，这有助于减少志愿服务过程中的阻力，也有利于日后在推广该项目时能够获得更多机构和志愿者的支持与帮助。

4．服务对象与志愿者的需求

参与体育助残的志愿者希望通过志愿服务获得什么，服务对象对健身服务有何需求，应如何去满足服务对象与志愿者的需求，这些是在设计志愿服务项目中必须要考虑的因素。志愿服务团队应在设计志愿服务项目之前进行充分的调研，深入了解服务对象与志愿者的需求。

（二）确定目标

在了解服务对象和志愿者需求的基础上，志愿服务项目的规划人要结

合志愿服务团队的能力和资源设定项目的目标，项目的具体目标能够驱动志愿服务项目的完成。项目的目标要比团队的宗旨更加具体、可操作和有层次。

（三）安排活动

志愿服务项目由各种形式的志愿服务活动组成，在规划志愿服务项目活动中，基本上是基于时间线，围绕某一主题进行志愿活动内容设计。

（四）优秀项目案例分享

2019 年，团中央和中残联共同在全国范围内征集“阳光助残”项目并向全国推广，共入围 30 个项目。其中，福建师范大学的体育助残志愿服务是非常有特色的一个品牌，以该团队的项目申报书作为体育助残志愿服务项目设计的范本供读者参考。

示范推广类“阳光助残”项目申报表

<table>
<tr><td colspan="4">一、项目基本情况</td></tr>
<tr><td>项目名称</td><td colspan="3">运动无碍，共筑心桥</td></tr>
<tr><td>申报单位名称</td><td colspan="3">Bridge 志愿服务队</td></tr>
<tr><td>项目负责人</td><td></td><td>联系方式</td><td></td></tr>
<tr><td>申报机构性质</td><td colspan="3">□地市级青年志愿者协会　□县区级青年志愿者协会
□高校青年志愿者协会　☑高校青年志愿服务社团
□社会青年志愿服务组织　□其他 ________</td></tr>
<tr><td>项目或组织曾获奖项
（限填 3 个）</td><td colspan="3">1. 2013 年获福建省扶残助残先进集体。
2. 2014 年获首届中国青年志愿服务项目大赛银奖。
3. 2018 年获第四届中国青年志愿服务项目大赛银奖。</td></tr>
<tr><td colspan="4">项目运行模式、实施规模、实施成效等：
“运动无碍，共筑心桥”是专门为下肢残疾人提供健身指导的项目，依托福建省残疾人体育研究指导中心作为技术指导，由 Bridge 志愿服务队与福州市肢残人协会展开志愿服务实践。项目以研究—服务—实践—反馈四位一体的模式进行运作。志愿服务队骨干成员涵盖知名教授、青年教师、博士、硕士、本科生等专业人才，定期进行志愿服务培训，培养青年骨干志愿者。其受益范围辐射残疾人、健全人，乃至整个社会。
目前，项目在福州市东湖大院、福建省残疾人体育运动管理中心等地长期开展，服务对象由最初的几人发展到数十人，创编了系列轮椅健身操，经多轮实践反馈及评估，受广大残疾群众监督，同时还经过福建师范大学运动康复工程研究中心效果检验。
截至 2019 年，累计展开志愿服务健身教学 280 余次，创编十余套轮椅健身操，累计帮助残疾人参与体育锻炼 2 800 人次。其中大部分残疾人养成了每周 1~2 次的锻炼习惯，并且身体素质和人际关系得到显著提升。2017 年，服务队所创编的《轮椅健身徒手组合操》获首届全国康复体育创编项目大赛一类优秀奖，被中残联购买并推广至全国，成为 2018 年福建省运动会指定比赛项目，并且成为全国残疾人体育健身指导员推荐培训教材。2018 年，服务对象参加福建省残疾人运动会轮椅健身操比赛并包揽一、二、三等奖。</td></tr>
</table>

二、项目复制推广计划	
申报示范推广类型	☑项目模式复制推广　☑新增项目服务地　☑新增服务对象
项目复制推广的主要目标、方式、核心指标、预期效果等： 项目主要目标首先是将该体育助残志愿服务模式复制到更多的高校社团或社会组织，带动并指导更多地区的残疾朋友参与体育锻炼；其次是扩大项目服务地，以福州为基点向龙岩、三明等地推进；最后是拟创编适合其他类型残疾人的健身活动内容，增加服务对象。 项目推广的主要方式是通过全国及福建省的残疾人社会体育指导员培训班进行推广，在各地残疾人社会体育指导员中培养骨干，同时在福建师范大学体育科学学院本科生中开设“特殊需要人群体育服务与管理”课程，培养专业骨干志愿者；同时，通过在全国和福建省的残疾人健身示范点的调研，对本项目的体育助残志愿服务方式进行宣传，发挥健身示范点的积极示范作用，促进项目志愿服务模式的推广。 项目核心指标有项目推广的数量及质量，目前在福建省范围内已经在泉州、漳州、厦门等地区高校展开合作推广，采用示范志愿服务等方式，将本项目的志愿服务模式传播到高校当中。项目还将继续与其他院校合作，争取在福建省九地市各高校社团先行铺开，成为全国高校体育助残志愿服务模式先行之师。项目将形成自己的系列产品，以轮椅健身操为基础，开发设计出适合重度残疾、智力残疾等类型残疾人健身活动的项目并进行试运行。 项目推广在福建省九地市展开，预期每个地区至少一所高校能够复制本项目，建设自己的助残志愿服务队伍，造福当地残疾朋友；通过全国及福建省的社会体育指导员培训，预期每年培养500名残疾人体育指导员或体育助残志愿者骨干，将本项的目志愿服务模式传播出去。该项目还将进入特殊教育学校，为其设计体育活动课程并进行效果评估。	
在复制推广过程中需要支持事项： 目前项目已取得较好的品牌知名度及社会影响力，同时也帮助了许多下肢残疾的朋友。项目所创编的轮椅健身操已经在全国推广，但仍需要更多宣传和推广的机会让更多其他地区的高校及社团参与进来，尤其需要具有体育专业的高校或是体育专业的社会工作组织，在当地展开助残健身操的组织与教学。 项目的推广和系列残疾人健身操开发需要经费支持，用以制作成光盘和指导手册让更多残疾朋友受益。 同时团队也希望通过全民健身系列赛事让更多的残疾人朋友带着健身和娱乐目的参与活动，在活动过程中也能更好地宣传项目本身，让更多的志愿者加入体育助残的行列。	

三、项目资金预算			
申请金额	☑5万元	□3万元	□2万元

支出预算项	金额（元）
设备费	5 000
办公费	4 000
差旅费	12 000
宣传出版费	16 000
打印复印费	5 000
活动用品费	8 000

续表

总计	50 000
团组织或青年志愿者协会推荐理由： 团组织或青年志愿者协会盖章 年　月　日	

三、大学生体育助残志愿服务项目评估

项目评估是对志愿服务项目的评价及判定，其最终目的在于通过了解志愿服务项目运作情况或者取得的效果，不断地加强志愿服务项目的规范性建设，全面提高项目的绩效水平和社会影响力。

目前国际上有关志愿服务项目评估的理论框架有很多，主要有三 E 理论、三 D 理论、顾客满意度理论和 APC 评估。目前最适合我国的理论框架为 APC 评估，即对志愿服务项目的问责性、项目的绩效、实施项目的组织能力进行评估。（表 7–2）

表 7–2　项目评估程序

序号	程序名称	具体操作步骤
1	确定评估目的	1. 谁想评估 2. 为什么要进行评估 3. 如何运用评估的结果
2	确定评估重点	1. 根据评估目的决定评估重点 2. 根据评估经费决定评估重点 3. 考虑不同利益群体信息掌握情况
3	确定评估框架	
4	确定评估方式	文献法、问卷调查法、访谈法、观察法
5	编制执行计划	组建评估小组，分派任务，日程安排，预算
6	处理和分析数据	数据处理，谈论与分析，形成结论与建议，对评估再评估
7	撰写评估报告	内容提要，正文，附录
8	交流评估结果并制订后续计划	

四、大学生体育助残志愿服务项目风险规避

志愿服务不代表着绝对安全，实际上，任何项目、活动开展的过程中都会存在风险。所谓风险即指志愿服务项目、活动可能产生的负面影响因素的不确定性，如志愿者生理或心理遭受侵害、财产被偷、志愿服务项目不良操作产生的不良影响、志愿者流失、服务对象不满等。风险规避即在志愿服务中要了解志愿服务项目中可能出现的风险，并采取相应手段避免风险出现。志愿服务项目风险及规避的对策见表 7–3。

表 7–3　志愿服务项目风险及规避策略

可能出现的风险	风险分析	对策
项目低效运行	1. 实施项目的协调多元化特点 2. 项目所涉领域、规模、管理方法存在很大差异	1. 建立健全统一高效的实施机构或组织，明确责任，加强协调，密切配合，实行分层管理 2. 借鉴国内外先进组织的管理经验，通过社会化、专业化运作模式，有效整合社会各方面的资源
参与公益实践的志愿者的志愿服务工作业余性强、随机性大	1. 志愿者参与公益实践的动机多元化 2. 志愿者容易受到学习、工作、生活等方面的影响	1. 落实志愿者激励、约束机制，实现信息平台的动态管理 2. 加快建立志愿者人才库，注重储备优秀志愿者人才 3. 提高志愿者的专业水平和综合素质
志愿者、团队、服务对象三方面可能出现纠纷或矛盾	目前尚未对志愿者工作进行立法，缺乏明确的法律条文界定和对志愿者、服务对象、团队三方的责、权、利的保障机制	1. 加强志愿者立法的研究，呼吁尽快出台相关法律法规 2. 注重志愿服务的制度化建设，健全各项规章制度 3. 为志愿者提供人身意外保险，规避可预见性风险，保障志愿者权益
志愿服务项目本身的风险	在志愿服务项目中的缺陷或是对服务对象的调研的忽视	尽可能在社会矛盾的基础上，满足服务对象与志愿者的需求
志愿者的流失	一定量的志愿者流失率是正常的	采取一定量的激励措施
财务资金	目前志愿组织的资金来源主要由政府拨款、社会捐助和会员缴费组成	寻求项目资金支持，做好经费预算

第四节 大学生体育助残志愿服务团队的支持途径

大学生体育助残志愿服务是高校道德教育的活泉，是当代年轻人心系社会、服务人民的体现。大学生体育助残志愿服务团队是以大学生为主体，大学教师与团队负责人为主导的高校公益组织。但是，在某些情况下，大学生体育助残志愿服务团队面临着种种自身无法解决的困境，这就对社会、学校、家庭等方面提出了更多的要求。

一、大学生体育助残志愿服务团队获得社会支持的途径

大学生体育助残志愿服务团队是社会志愿服务团队的一部分，在推动社会进步、培养青年一代社会责任感等方面起到了至关重要的作用。大学生体育助残志愿服务团队是社会的一部分，它在某些方面推动着社会的发展，相应地，社会也应当为大学生体育助残志愿服务团队的建设和发展提供一定支持。

（一）观念支持

意识是能动的，想要推动某一件事物的发展，首要的是推动整个社会的集体观念进步。如果希望大学生体育助残志愿服务团队受到社会大众的支持，首先应当让社会大众意识到，这一团体的进步发展是有利于社会大众的，并且这一团体的进步发展依赖于社会大众的支持。因此，社会对于大学生体育助残志愿服务团队的首要支持途径便是社会观念的支持。首先，政府要大力支持大学生体育助残志愿服务团队的建设与发展，发布相关文件支持志愿服务团队培育，宏观把控大学生体育助残志愿服务团队的发展方向。其次，社会组织要积极扶持大学生体育助残志愿服务团队的发展，大力宣传其优秀事例，让更多的社会群体了解他们，理解他们。最后，观念层面的支持不是一蹴而就的，持续不间断地支持，才有可能转变大众的观念，让整个

社会都愿意主动参与、帮助大学生体育助残志愿服务团队的建设与发展。

（二）实物支持

实物支持是最普遍的支持方式，大学生体育助残志愿服务团队是由大学生组成的公益性、非营利性的组织，在一些活动的开展与组织中，较为容易出现资金短缺、物料不足的窘境。此时，社会实物支持便成为一个较好的解决这些问题的方式。例如：某高校志愿服务团队在开展为残疾人举办的融合体育活动志愿服务时，联系爱心企业得到活动所需的物资捐赠，解决了经费不足的困境。一般可采取几种做法：第一，政府可以出台相应政策，鼓励社会组织主动帮助大学生体育助残志愿服务团队开展相应活动；第二，大学生体育助残志愿服务团队应当与社会其他各类组织保持互通有无，在开展志愿服务活动时可以相互帮助，优势互补；第三，大学生体育助残志愿服务团队做好项目设计与策划，联系相关企业及媒体共同参与。

（三）直接服务

大学生体育助残志愿服务团队处于高校教育体制之下，相对于中小学与社会的接触较多，但是在某些程度上来说，依然处于与社会半脱离的状态，社会群体想要接触到大学生体育助残志愿服务团队相对较难，那么给予直接的服务帮助就更是纸上谈兵了。因此，与社会加强联动，合理地将社会组织引入大学生体育助残志愿服务团队开展的志愿活动中就显得尤为重要。第一，大学生体育助残志愿服务团队应当开放自己的招募模式，多利用流动岗位志愿者，将愿意参与的社会人士纳入高校志愿者大军。第二，应当主动与社会助残志愿服务组织联系，主动沟通协商。第三，大学生体育助残志愿服务团队可以多邀请社会志愿组织的管理者、成员到学校开展讲座与指导活动。

社会支持途径是大学生体育助残志愿服务团队拓展自身影响力、宣传志愿者精神的重要途径，大学生体育助残志愿服务团队的管理应当牢牢把握这一特点，充分利用社会支持途径，树立自身团队品牌，与社会接轨。

二、大学生体育助残志愿服务团队获得学校支持的途径

大学生体育助残志愿服务团队的各项工作都离不开学校的支持，脱离

学校支持的大学生体育助残志愿服务团队如同无根浮萍，是不可能长久顺利地发展与进步的。大学生体育助残志愿服务团队只有与学校相关部门保持密切联系，遵守学校的相关规定，得到学校相关部门的支持，才能保证自身的健康发展。

（一）观念支持

学校的观念很大程度上取决于校方决策者的观念，如果学校相关部门的领导对于大学生体育助残志愿服务团队开展的活动都处于不了解的状态，就谈不上给予帮助了。如果学校内部没有应有的氛围，学生不接受也是无法推动团队的建设与发展的。所以，可以将学校的观念支持分为管理者观念支持与大学生观念支持。

学校管理者应当制定有利于志愿服务发展的制度，同时大学生体育助残志愿服务团队应当及时将团队成果反馈于管理者，并由管理者向学校宣传并给予团队优秀成员相应的荣誉。而大学生体育助残志愿团队也应当与学校各个其他类型的组织定期交流，传播自己的理念，甚至可以在学校不同班级内组织宣讲与普及助残知识。通过这些活动与行为潜移默化地让学校管理者与学生了解到这个团队在做什么、要做什么、想做什么，从而使管理者与学生接受这个团队的活动，转变自身的观念。

（二）实物支持

学校可以给予的实物支持是与团队建设和活动开展息息相关的。首先，一个合适的活动场地是活动顺利进行的基础，而学校正好可以提供大部分适宜的场地。其次，学校的其他资源也相对丰富，可以为活动提供帐篷、椅子等物品，也可以为各种活动配备相应的指导教师。最后，学校还可以提供一部分的活动经费，用以购买活动所需的物料。

（三）直接服务

大学生体育助残志愿服务团队由高校志愿者组成，大多数是在校大学生，部分是在校教师；但是团队固定成员的数量并不多，这就使得每次较大型活动的开展需要扩大招募一部分学生或者社会人士参与，这就为学校的直接服务提供了一定的机会。学校对于大学生体育助残志愿服务团队的直接服务可以大致分为两个方面。第一是教师方面，学校可以为志愿服务团队配备指导教师，指导学生整个活动的开展，总领整个活动的进程，同时还可以为志愿服务团队提供一定的服务技能、服务礼仪、残疾人群体特征等不同类型的培训。第二是学生方面，大学生是高校志愿者的主要组成部分。在开展大型志愿活动时，志愿服务团队需要大量的人力，学校正好可以帮助大学生体育助残志愿服务团队解决此问题。此时，学校可以通过一定的激励手段，鼓励大学生参与此类活动。而志愿服务团队可以通过扩大招募面积等手段，将自主参与的大学生吸收到自己的队伍中，甚至可以发展其成为团队骨干成员。

学校支持是大学生体育助残志愿服务团队开展活动、发展自身的基石，大学生体育助残志愿服务团队应当遵守学校相关规定，认真对待每次活动并做好活动成果总结，积极拓展与其他社团组织的联系，扩大在学生之间的影响力，从而更好更快地自我发展。

三、大学生体育助残志愿服务团队获得家庭支持的途径

家庭支持是指个体所获得的由家人、亲朋好友等所提供的，各种专业或非专业的情感、物质、信息、实体以及经济援助。

家庭教育对一个人一生的成长起着重要的作用，它既是启蒙教育又是终身教育。常言道：孩子是父母的影子，父母是孩子的镜子。由此可见，家庭对于个体的影响是巨大的，父母及家人对孩子的观念影响是深远的。家庭可以给予大学生体育助残志愿服务团队哪些支持呢？首先，家庭是一个人最早接受教育的地方，也是个人价值观念初步形成的地方，如果家庭给予观念上的支持，那么这个人会更容易加入志愿服务活动。有调查显示，亲属中有残疾人或者有亲属参与过志愿活动的人会更容易加入助残志愿服务团队。其次，在适当的时间、地点可以邀请家人参与志愿服务活动，直接参与不仅可以拉近志愿者与家人之间的关系，还可以让家人了解到志愿者所从事的事业，从而更加支持志愿者参与此类活动。

家庭支持系统分为内部支持系统与外部支持系统，内部支持是来自家人之间的情感联系，外部支持则是社会给予家庭的保障支撑。家庭成员之间的情感支撑可以帮助志愿者进行自我调节，使其积极应对问题与压力。而外部支持可以保障内部的应对。由此，家庭支持途径应当分为以下两点：

①志愿者与家人之间保持稳定的情感交流，将自己的志愿行为分享给家人；②家人给予志愿者一定的物质支持，体现家人对于志愿者行为的认可。

思考与讨论

1. 你知道哪些体育助残志愿服务品牌（请列举三个）？它们各有怎样的风格和特色？
2. 大学生体育助残志愿服务团队运营的过程中存在哪些风险？如何有效地规避这些风险？
3. 大学生体育助残志愿服务团队具有哪些社会支持的途径？如何更有效地寻求社会支持？

第七章

残疾人体育活动实作

本章导读： 残疾人与社会的融合程度直接决定了他们生活的方便程度和幸福程度，而体育活动是帮助他们进行社会融合的非常有效的手段之一。本章主要从社会、社区、学校三大板块阐述融合体育活动的实作内容。本章从以下三个方面进行简单概述：智力残疾特奥融合体育活动设计与实施，社区残健融合活动设计与实施，学校残健融合体育课程设计与实施。

第一节　智力残疾特奥融合体育活动设计与实施

特奥融合体育活动有三种模式：第一种是竞技型融合体育活动，是指同龄以及相似运动能力的智力残疾人和健全人在同一团队训练和比赛；第二种是运动员发展型融合体育活动，是指年龄相同但运动能力水平不同的智力残疾人和健全人共同参与运动，拥有更强能力的队友可以充当指导老师，他们帮助能力较弱的队友发展运动技能，并成功参与团队活动；第三种是娱乐型融合体育活动，是指针对智力残疾人和健全人的非竞争性的融合体育活动。

特奥融合体育活动是一项将几乎相同数量的特奥运动员与非智力残疾运动员（伙伴队员）组合在一起，参与体育团体运动，共同训练与竞技的活动。

一、活动目的

特奥融合体育活动的目的是促进消除健全人对智力残疾人的恐惧和歧视，发展两者友谊，影响其周围的非智力残疾人改善与智力残疾人的社会融合问题，达到以点带面的作用，推进残健融合的脚步。特奥融合体育活动是特奥融合学校计划中关键的活动过程，是专门为智力残疾人开展的相关体育类融合活动，让其能够得到真正的运动体验。

我国学者对特奥融合体育活动对于特奥运动员、特奥融合伙伴以及志愿者的意义进行了研究。研究发现，参与特奥融合体育活动可使智力残疾人走出自我封闭的生活状态，扩大生活范围，提高社会交往能力和社会适应能力，有利于智力残疾人的社会融合；大学生充当特奥融合伙伴可以推动社会和谐，有效促进社会文明程度的提高，可以让大学生更好地了解智力残疾人，理解特奥精神，提高自身的综合素质，加强社会责任感；参与特奥志愿服务不仅可以提高志愿者的助残意识、社会实践能力，还可以培养志愿者的社会服务能力。

二、设计原则与内容

特奥融合体育活动应是特奥运动员和伙伴配合的体育活动，简单有趣，可帮助特奥运动员学会自信，找回自尊。体育活动内容的设置可以结合特奥运动比赛项目，帮助学校和各地市选拔优秀人才，参加特奥会，也可以结合地方特色进行设计。活动所用器械与场地须灵活、便利，每一项活动的设计都应有轻、中、重度智力残疾人可以完成的活动内容。融合伙伴与中、重度智力残疾运动员的比例可为 3 ∶ 1。家长也可作为融合伙伴参与活动。

特奥融合体育活动设计内容应包含活动名称、活动说明、参与者、备注以及图、表说明，还应配有轻、中、重三种程度智力残疾人可以完成的进、降阶内容。可根据承办方的实际情况考虑是否赠送小礼物给特奥运动员。如若赠送奖牌、奖状或小礼物，应尽量统一样式，避免造成运动员的心理落差。

三、活动实施流程

整个活动主要由三个部分组成：开幕式、活动过程、闭幕式。在活动开始前，一定要和承办部门进行细节核对，包括器械的购买和场地的规划，制定日程安排表，进行预演和调试，确保活动能够正常进行。每个活动都必须有安全预案，人数可根据实际情况进行调整。安全预案可参考如下方案。

（1）活动开始前再次检查场地，保证场地平坦，排除安排隐患。

（2）活动开始前必须认真、细致地考虑活动的各个环节；活动期间，必须遵守练习要求和比赛规则，各个组练习和比赛结束后，由主持人宣布练习和比赛进程。同时，各练习和比赛负责人、协调人员注意轮转是否顺利，避免轮转时特奥运动员无人接应、轮转秩序混乱等情况发生。

（3）如遇特奥运动员摔倒、受伤等情况，应尽快找到场地内的医生并让医生进行治疗。如若特奥运动员病情较为严重，应及时拨打急救电话，并告知相关负责人。

（4）预留 5 名志愿者作为机动人员。

（5）活动期间安排不少于 2 名校医院医护人员在场馆待命，以防特奥运动员受伤等突发事件。

（6）若在室外，遇恶劣天气，活动尚未开展，可择日进行或移至室内进行。

（7）以服装或贴纸颜色区分不同小组，便于志愿者协助与辨别。

第二节　社区残健融合活动设计与实施

一、社区残健融合活动概述

（一）社区残健融合活动内涵

参加各类体育活动，是残疾人依法享有的权利，是残疾人康复健身、融入社会、实现自身价值的重要途径。联合国《残疾人权益法》第三十条第五款规定："成员国要鼓励促进残疾人最大程度上与健全人共同参与各种性质的体育活动。"残健融合活动正是"各种性质的体育活动"的重要组成部分。社区是由居住在某一区域的人们结成多种社会关系和社会群体，从事多种社会活动所构成的社会区域生活共同体，表现为空间相邻、文化相通、组织相同、心理归属相近等特征。社区既是人们居住、生活和文化学习的重要场所，又是人们参加体育锻炼的重要区域，更是人们社会交往、社会融入和健康成长的重要场域。

社区残健融合活动是由残疾人和健全人共同参与，以运动场地、器材和设备为依托，利用空闲时间开展的体育锻炼活动。社区残健融合活动的参与主体为残疾人和健全人，其中残疾人群比较复杂和特殊，有肢体残疾、听力残疾、视力残疾、智力残疾等类型。不同类型的残疾人往往表现出不同的身体和心理特点。因此，残健融合活动从设计到实施，都需要考虑残疾人身心条件的特殊性，了解不同类型残疾人的身心特点，制定适宜的残健融合活动内容，把握残疾人对活动内容的适应程度，做好安全保障措施，提高社区残健融合活动质量。

（二）社区残健融合活动意义

1．助力构建社会主义和谐社会

残疾人在现实社会中不仅需要面对自己身体功能缺陷对生活造成的影响，还需要面对社会公众对其态度和行为的影响。社区残健融合活动，促进健全人与残疾人进行深度的良性交流与互动，有利于残疾人提高自信心，形成乐观的生活态度，提高自身的社会适应能力，有利于健全人认可残疾人的运动能力，从残疾人身上学习坚忍不拔、不屈不挠的意志品质，有利于健全人学习如何在保证残疾人独立性的前提下给予适当的帮助，营造更加包容、文明、和谐的社会环境。社区残健融合活动，摈弃的是分隔，主张的是一种更为进步的人文关怀下的社会融合，是促进残疾人生命质量提高的活动。社区残健融合活动充满了活力，促进了残疾人与健全人之间的交往和沟通，对于构建社会主义和谐社会起到了一定的推动作用。

2．助力树立终身体育意识

终身体育是人们在终身体育思想的指导下，以体育的体系化、整体化为目标，从生命开始至生命结束一直学习与参加身体锻炼，使终身有明确的目的性，使体育成为一生生活中不可或缺的重要内容。社区残健融合活动，不以竞技为目的，组织形式多种多样，组织内容丰富多彩，尽可能使每个残疾人和健全人都参与锻炼，从活动中享受体育带来的快乐，感受体育带来的感动，认识自己身心发展的具体状况，了解自身的运动能力水平，培养对体育的兴趣和爱好，提高对体育的目的、意义、作用、功能等的理性认识，从而积极、自觉、主动参加体育锻炼，使自己成为体育学习和各种体育活动的主体。残疾人和健全人通过参与社区残健融合活动，提高参与体育锻炼的意识，使家庭体育与社会体育有效地衔接起来，进而树立终身体育的意识。

3．助力建设社区文化

社区文化是指一定区域、一定条件下社区成员共同创造的精神财富及其物质形态，具体来说包括环境文化、行为文化、制度文化和精神文化四个方面的内容。社区残健融合活动，把残疾人和健全人联系在一起，开展各种比赛、健身、消遣娱乐等有益于身心健康的活动，有效调动了残疾人和健全人参加体育活动的积极性和主动性，加强了彼此的联络，加深了了解，沟通了关系，增进了感情，从而使两者彼此产生对社区的归属感，增强社区的向心力和凝聚力。同时，开展社区残健融合活动，有利于引导社区居民团结互助，发扬人道主义精神和扶正祛邪、积极向上的社区道德风尚，提升社区的体育文化层次，拓展社区体育文化内涵，从而丰富社区的精神文化，净化社区的环境文化，规范社区的行为文化。

二、社区残健融合活动设计

（一）社区残健融合活动设计原则

1．以人为本原则

社区残健融合活动，从设计到实施始终要秉持以人为本的指导思想。根据残疾人和健全人的身心特点，社区组织开展互动的、鼓励性的、适宜的体育活动。活动组织形式因人而异，既满足残疾人和健全人的体育兴趣和需求，又突出残健融合协作的活动内容，着重强调残疾人和健全人之间的双向融合、双向发展。活动内容的设计与安排应突出时代性、针对性、适宜性、差异性、趣味性和可操作性。活动设计应注意营造残健融合的环境氛围，把握残疾人的身心特点和承受能力，做好安全预案。

2．有效融合原则

社区残健融合活动由残疾人和健全人共同参与，全场相伴共同完成各项活动内容，一起应对困难，一起分享快乐。活动组织者对“融合”的认识和理解是社区残健融合活动能否有序高质开展的关键。活动组织者应加深对“融合”的理解，不能简单地认为只要残疾人和健全人一起活动就是“融合”。社区残健融合活动，重在融合，而且是有效融合，活动过程中，残疾人和健全人不仅行动上要相互配合，相互协作，共同完成活动内容，而且情感上要积极交流沟通，相互鼓励，共同解决困难，分享欢乐，实现行为和情感的双重融合。因此，组织者应结合本社区的特色，创新设计简单易行、行动融合和情感融合性相对较高、游戏性和娱乐性较强的特色融合活动。

3．自愿原则

社区残健融合活动的开展离不开社区残疾人和健全人的支持。社区组织残疾人和健全人融合，共同参与体育活动，应在充分尊重他们主观意愿的前提下，借助恰当的方式进行有效的引导和组织，推动社区残健融合活动稳妥、有效地开展。对于乐于参与残健融合活动的残疾人和健全人，组织者应积极调研参与者的体育需求，设计丰富多彩、形式多样的残健融合活动内容，拓展活动平台，积极宣传推广，实现高质量融合。对于参与热情不高的残疾人和健全人，组织者应充分考虑他们的参与局限，通过积极的宣传引导，直观推介一些残健融合活动，吸引他们参与社区残健融合活动实践，提高他们的参与意愿。

（二）社区残健融合活动设计内容

1．开幕式

开幕式是社区残健融合活动开始的标志性事件，是展示活动整体形象的有效载体之一。举行开幕式，不仅有助于提升活动的仪式感，而且有助于传播活动的体育价值、文化价值和社会价值。开幕式应做到仪式规范、主体鲜明、气氛热烈、富有创意，一般流程包括：嘉宾入席、参与人员入场、介绍出席的嘉宾、嘉宾致辞、宣布开幕、开幕式节目表演等。社区残健融合活动开幕式的具体规模和程序因活动具体情况而有所不同。活动规模小、规格低，则开幕式简单，如邀请区残联领导、社区委员等嘉宾参加，开幕式表演简单易行，可设计残疾人和健全人的热身破冰融合环节等；活动规模大、规格高，则开幕式复杂，如邀请市级领导作嘉宾，组织参与人员宣誓，丰富开幕式表演内容等。

2．活动方案

活动方案是有效组织社区残健融合活动开展的核心。组织者设计活动方案，需要根据残疾人和健全人的特点，设计可操作性、游戏性和娱乐性强的特色融合活动。活动方案通常从以下几个方面设计：①确定活动项目的数量、类型等；②确定活动场地的大小、室内场地还是室外场地、场地的安全性等；③确定器材设备的数量、来源渠道等；④制定活动规则、如何获胜、如何得分等；⑤确定参与活动的人员数量，包括残疾人数量、健全人数量、志愿者数量等；⑥做好风险预防、应急预案等。

3．闭幕式

闭幕式主要由仪式、颁奖和文体表演组成，标志着体育赛事活动的正式结束。闭幕式流程一般包括：介绍出席嘉宾、致辞、颁奖、文体表演。社区残健融合活动的闭幕式流程，可以根据活动的具体开展情况进行设计和调整，可简单亦可复杂。但是，颁奖环节是社区残健融合活动不可或缺的一部分，颁奖是将活动推向高潮的重要仪式活动，有利于增强残疾人的自尊和自信，提升残疾人的生活幸福感。颁奖环节设计包括颁奖内容和颁奖流程设计。颁奖内容设计包括：设计奖品类型（荣誉精神奖品，如奖杯、证书；荣誉物质奖品，如大米、食用油等日常生活用品）和颁奖辅助用品，布置颁奖环境，设计、制作颁奖时的背景音乐，设计、购买颁奖服装，邀请颁奖嘉宾，等等。颁奖流程设计包括：介绍颁奖嘉宾，宣布获奖者，获奖者上台领奖，合影留念。

三、社区残健融合活动实施

（一）社区残健融合活动准备

社区残健融合活动设计完成后，为保证其顺利开展，组织者应整合现有资源，成立工作小组，确定活动主题，明确工作职责与任务，制订工作计划，推进工作落实。首先，组织者要对活动的整体流程有所把握，根据活动需要，成立负责财务、物料、宣传、后勤、竞赛的工作小组，并结合现有资源，进行分工安排。其次，明确各小组的职责与任务。经费组：统筹管理经费的收入与支出，如管理活动赞助费用、餐饮费用、服装费用、保险费用等；物料组：管理调度活动物品，如宣传物料、奖品、服装、器材设备等；宣传组：做好宣传推广和接待工作；后勤组：提供餐饮、交通、场地等后勤保障；竞赛组：制订规则、应急预案等，设计完善活动内容和环节。最后，制订并落实相关工作计划。不同工作负责人合理规划，制订工作计划，推进工作进度并及时调整，加强工作人员之间的交流与合作，改进工作方法，加快信息传递，完成各项工作。

（二）社区残健融合活动执行

完成前期准备工作后，组织者要根据活动现场的情况，做出权衡，二度分工，安排调度工作人员。活动开始前的器材设备安排、场地布置、人员组织、应急预案、现场突发情况处理等都需要逐一落实，尽量安排到个人，分工越细越好，要让每个人都明确自己的工作内容，让每个人都有明确的任务和目标。组织者要尽量避免分工不够细致、遗漏某些细节，如遗漏嘉宾座签、器材进场没有安排到位、颁奖托盘没有配备等。为避免活动组织仓促混乱，组织者应当统筹规划，记下分工情况，以备现场进行人员调配，从而保障社区残健融合活动的有序开展。另外，如果人员、经费、时间等允许，应安排彩排模拟。彩排模拟活动场地布置、具体环节流程和活动现场组织，有利于工作人员熟悉现场工作，做好充分准备。在此阶段要随时对于突发状况有所察觉并有所准备，组织者要制订应急预案，应对可能存在的问题。

（三）社区残健融合活动总结

社区残健融合活动结束后，组织者需要认真做好活动总结工作。第一，资料归档。活动结束后，一方面，尽快对器材设备、活动用品等物件进行妥善处置，或是进行归还，或是进行保管登记，以便再次使用；另一方面，将策划文档、活动方案、预算清单、结算清单、活动总结、报道、票据等相关文件归入相应的系列活动档案，以便日后查找。第二，评估总结。组织者与残疾人和健全人广泛交流，科学评估活动开展的效果，了解活动的不足之处，分析活动过程的细节、注意事项，积极探讨经验，剖析教训，从而促进社区残健融合活动更好地开展。

第三节　学校残健融合体育课程设计与实施

一、学校残健融合体育课程概述

（一）学校残健融合体育课程内涵

在各层次体育教育领域提倡残疾人接受一般体育教育，促进残健融合，倡导生命平等、尊重与共享，已成为残疾人体育教育的发展趋势。残健融合体育教育强调学生，无论身心发展差异程度如何，都应该一起参与体育教育活动，并最大程度地重视个体差异；主张残疾学生融入体育课堂，提倡给予残疾学生最适合的支持，而不是区分出残疾人再给予支持。残健融合体育教育追求的是建立全纳社会和实现公平教育，是一种全新的教育理念。残疾学生和健全学生在同样的教学环境下，共享现代教育资源，共同接受体育教育，促进彼此的交流和互相理解。学校残健融合体育课程是指将年龄相仿的残疾学生与健全学生安排在普通班级里共同接受体育课程教学，确保残疾学生公平地获得体育知识与技能，进而更好地融入社会。随着社会的不断进步、文明程度的不断提高，人们对残疾人的认识不断改变，学校残健融合体育教育必然会逐渐成为残疾人体育教育的一个重要形式。

（二）学校残健融合体育课程意义

1．建设校园文化

校园文化是以学生为主体，以校园为主要空间，以育人为主要导向，以精神文化、环境文化、行为文化和制度文化建设等为主要内容，以校园精神文明为主要特征的一种群体文化。学校残健融合体育课程，开展形式多样、内容丰富的残健融合体育活动，残疾学生与健全学生共享人文环境与教育资源，有助于残疾学生学会如何更好地与健全学生沟通，提高交往能力，健全学生则对残疾人有了正确的认识，使他们对待残疾人的态度和行为发生积极的改变，有助于提升学校人文素质，丰富校园精神文化，宣扬扶弱助残的传统美德，培育特色文化、环境文化，从而促进校园文化建设，凝聚学校的感召力和社会影响力。

2．促进残疾学生身心发展

残疾学生由于自身身体功能的缺陷，加之健全学生对残疾学生认识的偏见，容易产生消极心理。学校残健融合体育课程，根据残疾人的生理及心理特点，有针对性地设计融合活动，在相同人文环境下，提倡最大限度地让残疾学生和健全学生共同参与体育课程，能够有效促进残疾学生和健全学生的良性互动，加强彼此的沟通和交流，从而改变健全学生对残疾学生的刻板印象，消除偏见和歧视，增强残疾学生的自尊和自信，促进残疾学生身心发展，提高残疾学生的社会适应能力。

3．改善健全学生对待残疾人的态度和行为

有效的接触和交流是改变健全人对残疾人消极态度的重要举措。学校残健融合体育课程，为残疾学生和健全学生的良性互动、沟通和交流提供了媒介。在有效组织下，健全学生通过与残疾学生的交流互动，认可残疾学生的运动能力，学习如何在保证残疾学生独立性的前提下给予适当的帮助；残疾学生的坚毅、刚强、对帮助与关爱的感恩、真情的拥抱、质朴的情感等，都会深深感染健全学生，不仅增强了健全学生的社会责任感和奉献精神，使健全学生更加坚强，更加懂得感恩，而且逐步改变健全学生对待残疾人的态度和行为。

二、学校残健融合体育课程设计

（一）学校残健融合体育课程设计原则

1．普适性与特殊性相结合原则

体育教育是通过身体活动和其他辅助性手段进行的有目的、有计划、有组织的教育过程。特殊教育是运用特殊的方法、设备和措施对有身心缺陷的人，如视力残疾人、听力残疾人、肢体残疾人、智力残疾人等特殊对象进行教育。学校残健融合体育课程，不能对残疾学生的特殊性视而不见而统一进行体育教学，也不能过度关注残疾学生的特殊性而忽略体育教学的整体性。给予残疾学生个别化教学指导，有助于提高残疾学生的学习效果，有助于健全学生更好地认识残疾人，促进相互间的沟通和交流，从而更好地开展残健融合体育教育。高质量的残健融合体育课程，可提升残疾学生的自尊、自信，同时对健全学生也是一种潜移默化的教育。普适性和特殊性相辅相成，相互促进。

2．理论性与实践性相结合原则

坚持理论与实践相结合，用科学理论指导实践，在实践活动中发展理论，是学校残健融合体育课程高质量开展、持续发展的有力保障。学校残健融合体育课程实践的开展，需要自我实现理论、社会价值理论、个体差异理论、适应体育理论、特殊教育理论等理论作为指导，没有相关理论的指导，残健融合体育课程实践就是盲目的实践；同样，相关体育理论需要在残健融合体育课程实践中加以证明，脱离实践的理论是空洞的理论。此外，组织者应积极学习，提升理论水平，提高残健融合体育课程理论建设和实践质量，促进残健融合体育课程更好地开展。

3．全面发展与因材施教相结合原则

人的全面发展，指人的体力和智力的充分发展，又指人在德、智、体、美等方面的和谐发展，或步入社会而必须具备的各种智力和体力等方面的全面发展。体育教育中，人的全面发展是强调全面发展受教育者的运动能力、身体机能和身体素质等。因材施教是指教师在教学中根据不同学生的认知水平、学习能力以及自身素质，选择适合每个学生特点的学习方法进行有针对性的教学，发挥学生的长处，弥补学生的不足，激发学生学习的兴趣，树立学生学习的信心，从而促进学生全面发展。残健融合体育课程就是根据残疾学生身体和心理的特点，在兼顾健全学生的学习效果的同时，对残疾学生有针对性地施加智力、体力等教育，促进残疾学生的全面发展，提高残疾学生的社会适应能力。

（二）学校残健融合体育课程设计内容

1．学校残健融合体育课程目标

学校残健融合体育课程的主要目标是让残疾学生回归到“普通轨道”，让残疾学生感受到自己的“普通”，把残疾学生的体育学习、人际交往、社会适应及体育实践活动融合在普通学生的主流内。此外，通过残健融合体育课程，创设一种残健融合、适应体育的学习方式，注重运动体验，让学生在体育实践中体验成功，提高学生体育学习的兴趣和积极性，培养学生的终身体育意识，注重培养学生的想象力、创造力、毅力，增加学生的体育健康知识和运动技能知识，培养学生的团队精神和团队意识。

2．学校残健融合体育课程内容

学校残健融合体育课程，具有常规体育教学和特殊教育教学的双重特点和优势，因此，残健融合体育课程内容应包含常规体育教育理论与实践和特殊教育理论与实践。学校应根据残疾学生和健全学生的身心特点，将适宜、适度、适量的教育学、运动训练学、体育心理学、保健学、运动损伤学、治疗与康复、特殊人群服务等理论知识，穿插于理论讲授和实践操作中。常规体育教学和特殊教育教学的实践设计，应结合残疾学生和健全学生的体育兴趣，选择适用性广、融合性高、操作性强的运动技能进行讲解和练习，如篮球、羽毛球、乒乓球等，并有创造性地设计残健融合活动，促进全体学生对运动技术的掌握。

3．学校残健融合体育课程评价

学校残健融合体育课程的教育对象是残疾学生和健全学生，秉着“以人为本”的教学理念，采用分层、差异的教学方法，因此，传统的体育教学评价方法已然不能很好地评估残健融合体育课程教育质量的高低。学校应构建科学、合理、有效的残健融合体育课程评价体系，建立包括学生运动技能、体育知识结构、课堂教学效果、学生参与度、残健融合效应等在内的教学评价体系，采用过程性评价与终结性评价相结合的方法，评价残健融合体育课程的教学效果。

三、学校残健融合体育课程实施

（一）学校残健融合体育课程理论教学

残健融合体育课程理论教学，主要是对常规体育教育和特殊教育的相关知识进行理论讲解，约占总课程的1/5。残健融合体育课程理论讲解内容，主要包括特殊体育知识，残健融合体育课程目标、课程任务、课程要求、课程价值与意义，运动技术理论，体育保健知识，运动损伤知识，运动心理知识，学校体育知识，残疾人体育知识，特殊人群服务理论等。残健融合体育课程理论讲授，围绕相关理论知识，结合优秀残健融合活动、运动技术、残疾人体育赛事等体育活动视频，以适应和融合为理念，进行多媒体讲授，有侧重地使学生了解关键知识点。

残健融合体育课程理论讲授的组织形式较为简单，上课地点多为教室，残疾学生和健全学生适当融合分组，教师将理论知识通过讲授的方式传授给学生，并通过提问、小组讨论，进行信息交流与反馈，掌握学生的学习情况。

（二）学校残健融合体育课程实践

残健融合体育课程实践是残健融合体育课程开展的重点，应占到总课程的 3/5。残健融合体育课程实践内容主要以运动技能的学习和残健融合活动的开展为主。残健融合体育课程实践，要求教师以学生为本，强调残健融合，注重理论与实践的结合，采用讲解、示范、完整与分解等多种教学手段和方法，高效、高质地完成相应的课程任务。残健融合体育课程实践课，一般都在相应的运动场地进行，如篮球场、足球场、羽毛球场、田径场等，具体地点根据学习的运动技能和开展的残健融合活动确定，残疾学生和健全学生适当融合分组，在教师的指导和协助下，开展融合活动和运动技能学习。

残健融合体育课程实践课的组织环节一般分为准备部分、基本部分和结束部分。准备部分，教师可以根据学习内容和残疾学生特点，设计游戏性、针对性、融合性的残健融合活动，加深残疾学生和健全学生的交流，做好准备活动。基本部分，主要讲解学习运动技能。教师将残疾学生与健全学生适宜融合分组，教师讲解示范运动技能，学生分组练习，残疾学生与健全学生相互指导协作，教师巡回观察、指导与纠错，并对学生提出的有关运动技能训练方面的问题给予解答与指导。结束部分，重在整理和放松，通过简易的残健融合整理活动，残疾学生与健全学生共同配合放松，交流心得体会。

（三）学校残健融合体育课程评析

残健融合体育课程评析，围绕残疾学生和健全学生对课程的所想、所感和所获展开，约占总课程的 1/5。上课地点一般为教室，教师以听为主、讲评为辅。残疾学生与健全学生则以讲为主、听评为辅。学生主动发言，积极自评、互评；教师总结。残健融合体育课程评析课的课堂氛围应尽量活跃，使残疾学生得到更多的锻炼机会，有利于促进残疾学生和健全学生综合素质的提高。

第四节　残疾人体育赛事组织

一、残疾人体育赛事概述

（一）残疾人体育赛事内涵

残疾人体育运动竞赛是指残疾人（包括视力残疾人、听力残疾人、言语残疾人、肢体残疾人、智力残疾人、精神残疾人、综合残疾人）为争取优胜而专门组织实施的体育竞技能力较量的方式，这种方式不仅是运动成绩的评定、比较或展现，还是一种多功能和多形态的社会现象。体育赛事是一种提供竞赛产品和相关服务产品的特殊事件，其规模和形式受竞赛规则、传统习俗和多种因素的制约，具有社会效益、经济效益和综合效益。残疾人体育赛事是以竞赛为核心，通过搭建一个公开、公平、公正的竞赛平台，满足不同类型的残疾人进行竞技能力较量的需求，产生一定社会效益、经济效益和综合效益，具有项目管理特征的特殊事件。

不同类型的残疾人参与残疾人体育赛事，通过竞技场上的顽强拼搏，向社会展示残疾人自强不息的精神，宣传残疾人的社会地位和价值，同时吸引与号召更多的残疾人参与体育运动。残疾人体育赛事，能让社会大众了解残疾人，认识残疾人，形成科学、文明、平等的残疾人观，理解、尊重、关心、帮助残疾人，促进社会和谐稳定发展。

（二）残疾人体育赛事分类

1．按照比赛项目的数量分类

根据比赛项目的数量，可以将残疾人体育赛事分为综合性体育赛事、单项体育赛事。

（1）综合性体育赛事，项目多，规模大，组织工作复杂。国际上大型综合性残疾人体育赛事有残奥会、聋奥会、特奥会，区域性的残疾人运动会如远东及南太平洋地区残疾人运动会，这些运动会定期在世界范围内举办。我国已基本形成四年一届的全国残疾人运动会，四年一届的全国特殊奥林匹克运动会。

（2）单项体育赛事，项目单一，便于组织。国际上，单个项目的全球性残疾人体育赛事有轮椅击剑世界锦标赛、世界硬地滚球赛、世界残疾人田径锦标赛等。我国各个项目的残疾人锦标赛、选拔赛也逐渐增多，如全国残疾人乒乓球锦标赛、全国特奥融合篮球赛、全国特奥融合足球赛、全国盲人柔道锦标赛等。

2．按照比赛性质分类

根据比赛性质，可以将残疾人体育赛事分为锦标赛、资格赛、选拔赛、邀请赛等。我国举办的各类比赛举例如下：锦标赛，如全国盲人足球锦标赛、全国坐式排球锦标赛；资格赛，如亚太区轮椅篮球资格赛、全国聋人篮球资格赛；选拔赛，如全国特奥融合篮球选拔赛；邀请赛，如全国特奥融合足球邀请赛、全国残疾人乒乓球邀请赛等。

（三）残疾人体育赛事特征

1．注重竞赛的相对公平性

残疾人参加体育运动竞赛必须经过分组，将残疾等级和运动能力相近的运动员放在同一个级别进行比赛，这就保证了残疾人之间的竞技在机会相对均等、条件相对公平的情况下进行。这是因为不同类别的残疾人在运动能力上相差比较大，即使是同一类别的残疾人，其运动能力也存在较大差距。因此，为了使残疾人的体育运动竞赛更具公平性，目前的残疾人体育运动竞赛均采用分级制度。这种规定不仅有利于让比赛更加激烈精彩，而且使残疾人运动员有更多的机会展现自己的运动技能。残疾人体育运动竞赛的这个特点有别于一般运动竞赛，在残疾人体育赛事中，由于分级较复杂，各项目产生的金牌数量要多于普通赛事。

2．注重竞赛的社会性

残疾人体育赛事的参与主体是残疾人，残疾人是社会中的弱势群体，残疾人的体育活动需要得到更多支持。由于自身的残疾限制，残疾人要获得与健全人同样的成就需要付出更多的努力。残疾人应该平等参与社会，履行义务，享受权利，贡献力量，体育竞赛是他们追求自尊、自爱、自强、自信的重要平台。残疾人体育赛事是残疾人展现自身的舞台，竞赛过程所传递和彰显的不仅是体育本身，更是社会包容和接纳的象征，是共建、共治、共享社会文明成果的最好诠释。

3．注重竞赛的适应性

由于残疾人的身心特殊性，举办残疾人体育赛事，必须做出必要的适应性调整，以适应残疾人的特点。残疾人体育赛事的适应性调整从以下方面入手。①调整竞赛项目。残疾人运动员的竞赛项目多于健全人的同类项目，因此产生的冠军也较多，如田径项目女子 200 米，健全人比赛冠军只有一名，而残疾人运动员由于级别不同，产生的冠军不止一名，而是几名甚至十几名。此外，为促进残健融合，可设立融合篮球、融合足球比赛，等等。②调整竞赛规则。根据残疾类别与功能障碍的不同，残疾人竞赛规则在健全人竞赛规则的基础上增加了特殊的规则，只适用于残疾人竞赛项目，而不适用于健全人竞赛项目，如特奥融合篮球比赛规则，正式比赛的一节时间是 6 分钟。③调整竞赛器材和场地。残疾人体育运动竞赛不同于健全人的体育比赛，很多项目需要借助器材与辅助人员的帮助来完成，如下肢残疾的运动员，需要轮椅辅助器械，比赛场地需要更完善的无障碍设施。

二、残疾人体育赛事组织

（一）残疾人体育赛事筹备

残疾人体育赛事筹备阶段，应制订赛事总体计划，在总体计划的基础上成立赛事组委会，拟订具体工作方案并实施。①制订赛事总体计划。赛事总体计划的主要内容包括赛事的名称、背景、组织机构、主题、规模、内容、资源和相关活动的组织与实施。制订赛事总体计划，目标要明确，内容要全面，进度要合理，责任人要明确。②成立赛事组委会。根据赛事需要，成立包含办公室、竞赛部、宣传部、接待部、后勤部、财务部、志愿者部、安保医疗卫生部、大型活动部的职能型赛事组委会。成立赛事组委会，要因时、因地、因赛事实际情况而进行分析和选择，灵活设置相应部门，最有效地发挥赛事组委会的组织工作效能。③制订具体工作方案并实施。明确各部门工作任务和职责，制订具体工作方案和推进进度，积极沟通，团结协作，实施各项工作方案。

（二）残疾人体育赛事举办

残疾人体育赛事举办阶段是指从残疾人体育赛事正式开始举行直至全部比赛结束的阶段，该阶段主要任务包括按竞赛规程和规则组织开展竞赛，以及按总体工作方案组织实施相关活动，如开、闭幕式，相关主题活动等。其中，竞赛组织工作是赛事举办阶段全部工作的核心和主线，工作任务是保证各项比赛按照预定的竞赛日程正常进行，确保运动员、裁判员、技术官员的工作顺利进行。竞赛组织工作主要包括比赛成绩的统计和公布、评奖和颁奖。具体的竞赛组织工作包括运动员报名、资格审查、抽签或编排赛程、检录、监督比赛等。成绩的统计和公布，是竞赛组织工作的重要环节，是参赛单位、新闻媒体及社会关注的焦点，具体工作包括成绩传输、录入、查询及公布等。评奖和颁奖是将竞赛工作推向高潮的重要仪式性活动，具体工作包括制订颁奖工作实施方案和颁奖程序、设计奖品种类和数量、布置颁奖环境、邀请颁奖嘉宾等。此外，开、闭幕式和相关主题活动的具体工作包括宣传工作、安保工作、应急预案工作等。

（三）残疾人体育赛事收尾

残疾人体育赛事收尾阶段是指按照总体工作方案完成全部竞赛组织工作后，对赛事进行讨论和总结，并完成赛事的剩余工作，提交相关总结报告和财务报告的阶段。该阶段主要工作包括向相关机构及人员致谢、举行表彰活动、做好物件和文件资料归档、进行财务结算、处置相关财物、评估与总结赛事经验教训，等等。

思考与讨论

1. 如何设计特奥融合体育活动？
2. 学校残健融合体育课程有什么内涵与意义？
3. 残疾人体育赛事与普通体育赛事有何异同？
4. 尝试策划、组织一次助残体育活动。

第八章

突发事件应急处置与安全救护

本章导读：志愿者最重要的能力之一是掌握处置突发事件的基本常识，在发生突发事件时，能从容、镇定、理智地应对，减少人身伤害和财产损失。本章将围绕什么是突发事件和如何处理突发事件进行讲述，并提供安全救护知识、急救基本技能和现场救护处理程序供志愿者参考使用。

第一节　突发事件概述

一、突发事件的概念、特征

（一）突发事件的概念

突发事件是指突然发生，造成或者可能造成严重社会危害，需要政府立即处置的自然灾害、公共卫生事件、事故灾难、社会安全事件及其他事件。

（二）突发事件的特征

1．突然性

事件爆发的原因、时间、范围、影响深度等，出乎人们的意料。

2．社会性

突发事件一旦发生，牵扯的人数众多，会给事发地人们的日常生活和工作造成巨大的影响，并很快成为人们关注的中心。

3．多样性

突发事件各有各的特点，表现形式各种各样，在多数情况下处理过程难以照章办事，须采取打破常规的非常措施应对。

4．严重性

突发事件不同程度地给社会造成混乱和恐慌，特别是对人们的生命、财产、正常的生产生活及赖以生存的环境带来威胁和损坏。

5．紧迫性

突发事件发生之后，需要及时采取措施才能有效遏制事态发展，减少事件对人们生命和财产造成的威胁和损失。决策的时机紧迫、信息有限，容易导致决策失误，造成无可估量的社会危害。

二、突发事件的分类

根据发生过程、性质和机理，突发事件可分为四类。

1．自然灾害

自然灾害由自然因素直接所致，主要包括气象灾害、地质灾害、海洋灾害、生物灾害、森林和草原火灾、水旱灾害等。例如在大型体育赛事中，暴雨天气导致当日或次日的比赛延迟或取消。

2．事故灾难

事故灾难由人们无视规则的行为所致，主要包括工、矿、商、贸等企业的各类安全事故、公共设施和设备事故、核与辐射事故、环境污染和生态破坏事件等。对于大型体育赛事来说，事故灾难主要有安全事故、交通和公共设施事故等。

3．公共卫生事件

公共卫生事件由自然因素和人为因素共同所致，主要包括传染病疫情、群体性不明原因疾病、食品安全和职业危害、动物疫情，以及其他严重影响公众健康和生命安全的事件。

4．社会安全事件

社会安全事件由一定的社会问题诱发，主要包括恐怖袭击事件、民族宗教事件、经济安全事件、涉外突发事件和群体性事件等。

三、突发事件的分级、预警标识

根据不同类型突发事件的性质、严重程度、可控性和影响范围等因素，《中华人民共和国突发事件应对法》将自然灾害、事故灾难、公共卫生事件分为特别重大、重大、较大和一般四级。对于社会安全事件，由于其自身的性质和复杂性，法律上不做分级。（图 8–1）

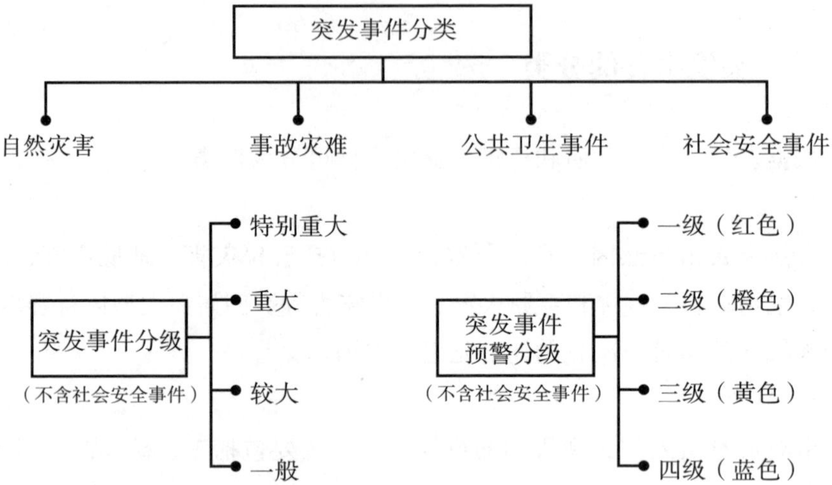

图 8-1　突发事件分类

四、突发事件的处置流程

在突发事件处置中，一般要求事件发生单位和所在部门为第一责任人，在事件发生时即开始先期处置，积极组织人员开展自救与互救，并将现场情况按规定程序逐级上报。应急责任部门在接到相关信息后，立即按照应急预案的规定和要求开展事件处置，直至事件处置结束。

（一）突发事件的“5C”处置流程

1．辨识（clarify）

认真观察环境，准确辨识各种情况，如观众情绪、吵闹、冲突等。

2．控制（control）

有效控制现场情况，防止影响扩大化。

3．报告（call）

第一时间上报组长，报告内容包括身份以及事件发生的准确时间、地点、起因、伤亡情况等。

4．处理（cope）

专业人员到达前，进行力所能及的处理，如坚守岗位、维持秩序、疏散人群等。

5．配合（cooperate）

专业人员到达后，积极配合处理事件。

（二）志愿者遇到突发事件的处置流程

当志愿者遇到突发事件时，应按表 8–1 中的流程进行处理。

表 8–1 志愿者遇到突发事件的处置流程

类型	具体情况描述	处置流程
自然灾害	遭遇不可抗力，如台风、雷雨、雷电等恶劣天气	快速就近避雷、避雨，确保人身安全；报告负责人；在确保自身安全的前提下协助专业人员进行人员疏散
	极端高温	配合做好防暑降温的各项工作，例如放置冰块，增设风扇、遮阳伞，发放免费纸扇等；缩短当班志愿者的服务间隔，采用短时轮休的方法；防止因疲劳工作诱发疾病或遭遇意外伤害；注意适度遮阳，增加饮水
	破坏性地震	快速就近躲避，确保人身安全
	发生爆炸、火灾、坍塌事故	以最快速度报告负责人；听从负责人指挥，在确保自身安全的前提下协助安保人员进行人流疏散；必要时带头往安全方向撤离
事故灾害	发生严重交通肇事	立即报告负责人；根据负责人指示，协助处置
	突然停电，服务现场发生骚乱	保管好集体物品；停电时，应保持冷静，不要随意走动；在负责人指挥下，维持现场秩序，安抚大众情绪，避免踩踏事件发生
公共卫生事件	有人员发生眩晕、扭伤、拉伤、擦伤、轻度中暑、轻微烫伤等轻微病症	报告负责人，听从活动负责人安排；专业志愿者简单处制
	发生食物中毒	报告负责人，听从活动负责人安排；专业志愿者简单处置；协助专业医护人员处置
社会安全事件	出现人流拥挤、场面混乱、踩踏等类似事件	报告负责人；专业志愿者简单处理，适度救助；协助专业医护人员处置；维持现场秩序，疏导人流；注意自我保护
	发现可疑、危险物品	报告负责人；注意自我保护；控制现场，让人员远离该物品
	发现有人盗窃财物	报告负责人；注意自我保护，巧妙提醒受害人；适度取证
	发现有人纵火	报告负责人；注意自我保护；适度取证；配合有关部门处置

续表

类型	具体情况描述	处置流程
志愿者自身言行引起的突发事件	因交通拥堵、车辆故障、道路管制等突发情况未能及时到岗	及时报告负责人，交代相关工作；听从负责人安排
	志愿者受到如中暑、落水、利器刺伤、交通意外等人身伤害	及时报告负责人；专业志愿者简单处置；视情况联系有关部门；协助保护现场，疏散围观群众
	志愿者出现心理障碍而发生极端行为	学会沟通合作、自我解压；注意沟通方式，防止现场矛盾升级；及时报告负责人；适度防范；协助保护现场，疏散围观群众
	志愿者在志愿服务期间与工作人员、志愿者伙伴、服务对象等发生冲突	学会沟通合作、自我解压；防止现场矛盾升级；及时报告负责人；协助保护现场，疏散围观群众
	志愿者擅离岗位	明确此行为是严令禁止的；培养服务奉献意识和强烈责任感；志愿者伙伴立即报告负责人
	志愿者遭遇少数人员谩骂和殴打	保护自己，劝说其稳定情绪，尽量不主动与其发生肢体冲突；向负责人报告

五、常见突发事件的应急处置

（一）盗抢事件

在日常生活中，可能会遇到被盗、被抢事件，志愿者在助残活动开展过程中，应该加强防范，尽量避免此类事件的发生。

（1）活动开展过程中，参与者尽量不要携带大量现金到现场，要把钱包、手机等贵重物品集中存放，由专人管理。

（2）在路上行走时，注意走在人行道上并把包背在靠近人行道的一侧，不要背在靠近马路的一侧。双肩包后背时，拉链要拉好。

（3）在发生被盗、被抢事件时，要迅速报警。

（二）踩踏事件

踩踏事件出现的伤亡状况往往让人瞠目结舌。根据多起踩踏事件总结的经验，其发生的过程一般是这样的：首先是成拱现象，即在行进中遇到阻力，人流群集成拱形，导致前面的人容易被推倒，后面的人容易被绊倒；其次是异向流群集现象，即来自不同方向的人流相互冲突、相互阻塞，导致拥挤、冲突；最后是人流中有大量的老弱病残幼，造成局部极度拥堵。如果人群变得特别密集，人与人之间的距离越变越小，那么就得意识到自己正处于危机中，要加强防范。避免踩踏事件发生，要注意以下问题。

（1）在重点部位，如楼道、建筑出入口等由宽阔地收窄的区域，一定要有人值守，疏散、控制人流。人流疏散的基本原则是前快、中慢、后停，即前面的人快速跑步通过，中间的人慢行，后面的人停下来等待。

（2）一旦出现人流群集要顺着人流走，切不可逆着人流前进。可进入路边的商店、酒吧、咖啡馆等暂时躲避。

（3）陷入拥挤的人流时，一定要先站稳。要注意保持平衡，可双臂张开，重心向后，以抵挡来自后部的冲击力，并注意寻找支撑物，即使鞋子被踩掉也不要贸然弯腰提鞋或系鞋带。

（4）在拥挤的人群中，如果发现有人情绪不对，或人群骚动，就应该注意可能会发生事故，但一定不要慌乱，不要奔跑，避免摔倒。一旦突然发现前面有人摔倒了，就要马上停下脚步，并告知后面的人不要靠近。有可能的话，尽快抓住诸如路灯柱、电线杆等坚固的物体。

（5）如果自己被人群推倒，要设法靠近墙壁，身体蜷成球状，双手使劲扣紧头部，以保护身体最脆弱的部位。如果要救人，一定不要弯腰施救，而应该侧身来救，并在力保自己不会被挤倒的情况下施救，否则自己也有可能发生危险。

（三）火灾

发生火情时，平常熟悉的环境会突然变得陌生，充满恐怖气氛。在火灾中，最可怕的敌人不是火灾本身，而是消极暗示。一个人在火灾中如果能顶住压力，清醒理智地观察自己的处境，设计合理的逃生路线，就很有可能逃生。志愿者虽然一般不直接参与救火，但是也担负着以身作则、稳定群众情绪的任务。志愿者需要掌握的自救技能包括：拨打“119”火警电话，向消防人员讲清起火地点、单位、燃烧物、燃烧程度等；冷静寻找出口，迅速评估周围环境中危险和安全的地点，想方设法找到安全出口。不要迎着烟雾走，要顺着烟雾方向，找到可能的安全出口。在火灾中，心态非常重要，既要清醒冷静，又要当机立断，才能增加逃生的机会。

具体处置方法如下。

（1）确定火灾情况（详细地址、起火部位、着火物质、火势大小以及被困人员多少等），立即启动消防设施，敲响警铃或直接报警。报警时要讲清上述火灾情况，最后一定要留下报警人的姓名和联系电话，并派人到路口迎候消防车。

（2）火灾发生时，保障个人人身安全并组织人群尽早撤离。

（3）火势蔓延时，要迅速逃离现场，为避免有毒气体伤害，逃生时可用湿毛巾或将衣服弄湿后捂住口鼻，放低身体，浅呼吸，快速、有序撤离。切勿喊叫、奔跑，以免风助火威。选择安全楼梯逃生，不可乘电梯逃生，也不要轻易从高处跳离。

（四）突发电梯停电

突发电梯停电时，要注意以下问题。

（1）停电后，电梯停止工作，此时可按电梯内的紧急按钮，并用手机、对讲机或电梯内的电话求救。

（2）用力敲门向过路人求救，如无人回应，不要不停呼喊，要保持体力，等待营救。

（3）停电后，虽然紧急供电系统几秒就开始工作，但是电梯依然可能快速下坠。如果电梯下坠，应迅速把每一层的按键都按下。因为一旦启动紧急供电系统，电梯就有可能在某一层停住。如果电梯有把手，应当一只手紧握把手，固定人所在位置，以保证不会因为重心不稳而摔伤；同时，整个背部和头部紧贴电梯内墙，呈一直线，运用电梯壁保护脊柱，最重要的是膝关节要呈弯曲姿势，以缓冲电梯快速下降的冲力，踮起脚尖并吸气，防止岔气并保护内脏。

（4）不要自行打开电梯门。应耐心等在电梯里，等候电梯维护人员。因为此时电梯很可能对着两层楼之间的墙，强行挤出去会坠落到电梯井。

六、志愿者在处置突发事件时的注意事项

（1）增强自我保护意识，注意自身安全。

（2）熟知所在岗位的应急预案和处置流程。

（3）提高警惕，发现隐患及时报告。

（4）发生突发事件时，应迅速通知团队负责人，按照规范的应急流程果断处置。

（5）处置突发事件时，要特别注意维持秩序，避免事态扩大化，有意识地保留、保护证据。

第二节　安全救护知识与急救基本技能

志愿者国际惯例规定：在发生事故时，志愿者如果通过了红十字会的急救培训，并得到了证书，可以实施急救；如果没有受过专门培训并无急救证书，不应该给伤者提供医疗服务，而应尽快报告相关人员。可见，负责医疗服务工作的志愿者，必须要具有相关的急救知识。

一、学会判断危重患者情况

判断危重患者的生命情况，就是用科学的方法观察最重要生命体征的变化。可根据意识、瞳孔、呼吸、心跳及总体情况五个方面来判断。

（一）意识

正常人或一般患者的意识是清醒的。如果患者的意识已丧失，尤其是突然间意识丧失或昏倒在地，应该认为病情已处于急危重症之列，需要尽快救护。遇到此种情况，第一目击者应先大声呼唤 2 ~ 3 次，通常问：“喂，你怎么了？”如对呼唤无反应，此时还可采取轻轻推动患者 2 ~ 3 下，注意不能推动伤患处。如对呼唤无任何反应，说明患者可能已处于昏迷或垂危状态。此时，志愿者应尽快呼救。

（二）瞳孔

两眼的瞳孔正常时等大等圆，遇到光线能迅速缩小。若患者脑部受伤严重、脑组织出血或发生某些急性中毒等情况，两侧瞳孔会不一样大，可能缩小或放大，用电筒光线刺激，瞳孔不收缩或收缩迟钝。当患者的瞳孔逐渐放大，固定不动，对光反射迟缓或反应消失时，说明患者病情严重。

（三）呼吸

呼吸是生命存在的征象。呼吸是人体内外环境之间进行气体交换的过程。正常呼吸的次数是随着年龄而改变的，正常成年人每分钟的呼吸次数为 16 ~ 20 次；小儿呼吸比成人快，每分钟可达 20 ~ 30 次。垂危患者呼吸多变快，变浅，不规则。当患者陷入垂危或濒死状态时，呼吸变缓慢，不规则，直到呼吸停止。

一般观察患者胸部的起伏情况，可以得知患者有无呼吸。在呼吸运动已很微弱，有时不易见到胸部明显的起伏时，可以用羽毛、薄纸片、草叶等放其鼻孔前，看是否会随呼吸飘动，以判定有无呼吸。在观察时，要注意呼吸的深浅、节律和有无呼吸困难等症状。

对于发生严重呕吐的患者，有时呼吸本身还不至于发生严重障碍，但可因患者的体位或呕吐物堵塞呼吸道而使呼吸停止，所以，应注意观察患者呼吸道是否畅通，有无异物阻塞。

（四）心跳

心跳是生命存在的征象。正常情况下，心脏的跳动会使全身各处动脉管壁产生有节律的搏动，这种搏动称为脉搏。脉搏的次数一般随着年龄的增长而减少，婴儿每分钟可达 130 ~ 150 次，儿童每分钟 110 ~ 120 次，成年人每分钟 60 ~ 100 次。当严重的心律失常、急性心肌梗死并发心律失常、大量失血、休克，以及其他危重疾病患者处于垂危状态时，心脏跳动多不规则。对于非专业急救者，如果意识丧失的患者没有呼吸，就可假定为心脏停搏。

可采用摸患者手腕部桡动脉、颈部两侧的颈动脉来判知心跳情况。有时患者心跳微弱，血压下降，以及出现其他种种情况，脉搏摸不清楚，尤其当怀疑患者出现严重情况已无心跳时，救护人员可以用耳朵贴其左胸部，倾听有无心跳。

（五）总体情况

总体情况是志愿者根据见到危重患者时的第一印象，再加上一些必要的检查与观察得出的结论。患者垂危时，常表现面色苍白，冷汗淋漓，嘴唇、指甲处有紫绀等。在意外事故突发现场，还要观察患者有无严重创伤、患者有无活动性大出血、环境中有无特殊的气体在继续作用于患者、有无化学物品或其他危害因素在继续危害机体，等等。

二、拨打急救电话

（一）急救与呼救并重原则

对非创伤性心脏、呼吸骤停患者，要先拨打急救电话再进行自救与互救。对溺水、电击、急性呼吸道异物阻塞等患者，要先进行 2 分钟的心肺复苏，再拨打急救电话。

（二）怎样向急救中心报告紧急情况

（1）正确表述地址。说明所属区（县）、街道、小区、楼号、门牌号和周边明显的建筑物。

（2）简要描述病情。说明患者最典型的发病表现、既往病史、姓名、性别、年龄。

（3）留下联系方法。要将自己的联系方式（手机、座机）准确无误地告知接线员。

（三）在呼救后应做好的事项

（1）确保联系通畅。若只有座机，应守在电话旁并避免占线，随时接听医护人员的问路咨询或医疗指导。如果人手较多，可派人到与急救人员约好的地点等待，接应救护车并为急救人员指路。

（2）提前做好搬运准备。碰上需要搬运患者的情况，应尽量清理楼道、走廊，移除影响搬运患者的杂物，方便担架快速通行。

（3）随时关注病情。碰上神志不清、昏迷不醒的患者，要密切关注他们的呼吸情况，应不停呼唤患者的名字，随时观察其呼吸情况，一旦出现呼吸骤停现象，马上进行心肺复苏。

（4）积极配合急救人员。必要时可以通过电话在医生的指导下，进行紧急的、临时性的处理；如果是断肢的患者，要带上断肢，为入院后的手术做准备；准备好随病人带走的药物、衣物等。

三、急救概述

（一）急救常识

1．急救定义

急救是对意外或突然发生的伤害事故，进行紧急的临时性的处理。

2．急救的目的和原则

（1）目的。保护伤病员的生命安全，避免再度伤害，减轻其痛苦，预防并发症，并为伤病员的搬运和进一步治疗创造条件。

（2）原则。

①救命在先，防治休克。

②快抢、快救、快送，力求迅速、准确、有效。

（二）出血的急救

健康成人全身血液总量为 4 000 ~ 5 000 毫升，平均血液分配量为 75 毫升 / 千克。若急性大量出血达全身血液总量的 20% 左右，人即可出现乏力、头晕、口渴、面色苍白、心跳加快等全身贫血的症状；若出血量达全身血量的 30%，即可出现休克，甚至危及生命。

1．出血的分类

（1）按出血部位分类。

①外出血：血液从皮肤创口处向体外流出。

②内出血：血液从损伤的血管内流出后向皮下组织、肌肉、体腔及胃肠和呼吸器官内注入。内出血性质较严重，常因初期不易察觉而被忽视。

（2）按受伤血管不同分类。

出血可分为动脉出血、静脉出血、毛细血管出血三类，但一般所见为混合型出血。

①动脉出血：血色鲜红，血液自伤口的近心端呈喷射状流出，出血速度快，出血量多，危险性大。

②静脉出血：血色暗红，血液自伤口的远心端缓慢地流出，危险性小于动脉出血。

③毛细血管出血：血色介于动脉血和静脉血之间，血液自创面上呈点状

渗出并逐渐融合成片，最后渗满整个伤口，常常能自行凝固，一般没有危险。

2．止血的方法

（1）冷敷法。

①适用范围：急性闭合性软组织损伤的早期。

②方法：用冷水浸湿的毛巾或冰袋敷于患部。

（2）抬高伤肢法。

①适用范围：四肢小静脉或毛细血管的出血。

②方法：将患肢抬高，与心平面的夹角为 15° ~ 20° 。

（3）加压包扎法。

①适用范围：小动脉、小静脉或毛细血管的出血。

②方法：用无菌敷料覆盖患部并用绷带加压包扎。

（4）加垫屈肢止血法。

①适用范围：前臂、手、小腿的出血。

②方法：将棉垫或绷带卷放于肘窝或膝窝处，屈曲臂或腿进行包扎。

（5）直接指压法。

①适用范围：动脉出血。

②方法：用手指指腹直接压迫出血动脉的近心端。

（6）间接指压法。

①适用范围：动脉出血。

②方法：在动脉血流动中最容易被压住的部位称为压迫点。指压法的要领是在出血部位的上方，在相应的压迫点上用拇指或其余四指把该动脉血管压迫在邻近的骨面上，以阻断血液的来源而达到止血的效果。所加压力必须持续到可以结扎血管或用止血钳夹住血管为止。常用的压迫止血法如下。

颞浅动脉压迫止血法：一手扶伤员的头并将其固定，用另一手拇指在耳屏前上方一指宽处摸到搏动后，将该动脉压迫在颞骨上。适用于同侧前额部或颞部出血的止血。

颌外动脉压迫止血法：在下颌角前约 1.5 厘米处摸到搏动后，用拇指将该动脉压迫在下颌骨上。适用于同侧面部出血的止血。

锁骨下动脉压迫止血法：在锁骨上窝内 1/3 处摸到搏动后，用拇指把该动脉压迫在第一肋骨上。适用于肩部及上臂出血的止血。

肱动脉压迫止血法：将伤臂稍外展、外旋，在肱二头肌内缘中点处摸到搏动后，用拇指或食、中、无名三指将该动脉压迫在肱骨上。适用于前臂及手部出血的止血。

指动脉压迫止血法：用健侧手的拇、食两指压迫患指两侧指根部并抬高患肢。适用于手指部位出血的止血。

股动脉压迫止血法：伤员仰卧，患腿稍外展、外旋，在腹股沟中点稍下方摸到搏动后，用双手拇指重叠（或用掌根）把该动脉压迫在耻骨上。适用于大腿和小腿出血的止血。

胫前、胫后动脉压迫止血法：在踝关节背侧，于胫骨远端摸到搏动后，把该动脉压迫在胫骨上；在内踝后方，将胫后动脉压迫在胫骨上。适用于足部出血的止血。

（三）急救包扎的方法

包扎有保护伤口、固定夹板或敷料、限制伤肢活动、预防或减少感染、避免加重伤情的作用。包扎时动作要柔和、熟练，松紧度合适。

1．绷带包扎法

（1）环形包扎法。环形包扎法适用于包扎额部、手腕和小腿下部等粗细均匀的部位，也用于其他绷带包扎法的开始和结束部分。包扎时将绷带带头斜放于包扎处，用一手拇指压住，将绷带环绕包扎一圈后，再将斜放的带头一个小角反折过来，继续环绕包扎，后一圈覆盖前一圈，包扎3 ~ 4圈即可。（图 8–2）

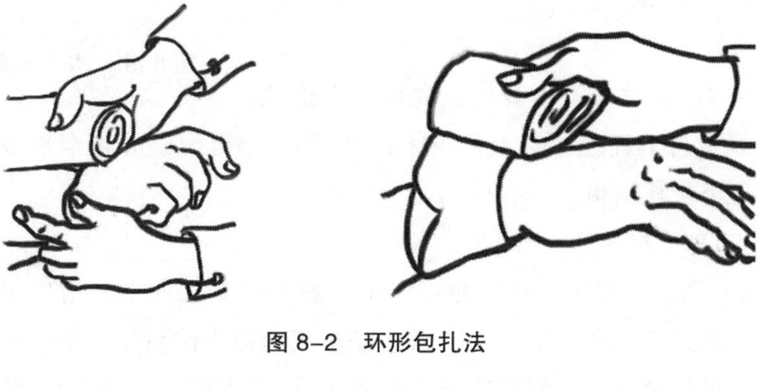

图 8–2 环形包扎法

（2）螺旋形包扎法。螺旋形包扎法适用于包扎上臂、大腿等肢体粗细差不多的部位。包扎时以环形包扎开始，然后将绷带向上斜行缠绕，后一圈压住前一圈的1/2到2/3。（图8–3）

（3）螺旋反折包扎法。螺旋反折包扎法适用于包扎前臂、大腿和小腿等肢体粗细相差较大的部位，包扎时以环形包扎开始，然后用一拇指压住绷带上缘，将其上缘反折（注意要避开伤处）并压住前一圈的1/2到2/3，每圈的折线应互相平行。（图8–4）

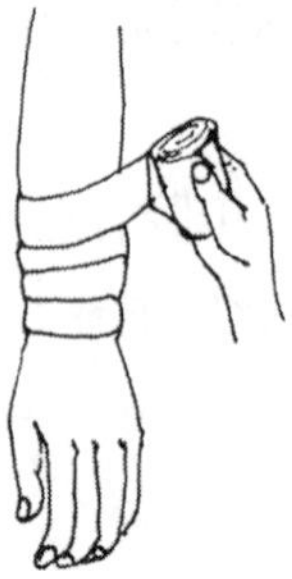

图8–3　螺旋形包扎法

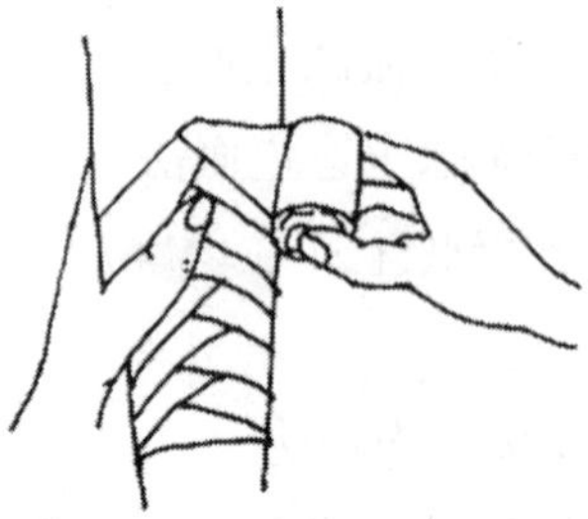

图8–4　螺旋反折包扎法

（4）“8”字形包扎法。“8”字形包扎法用于包扎肘、膝、踝等关节处。

方法1：从关节中心开始，先做环形包扎，然后将绷带斜行缠绕，一圈绕关节的上方，一圈绕关节的下方，两圈在关节凹面交叉，反复进行，逐渐远离关节。包扎时每圈压住前一圈的1/2到2/3，最后在关节的上方或下方以环形包扎结束。（图8–5）

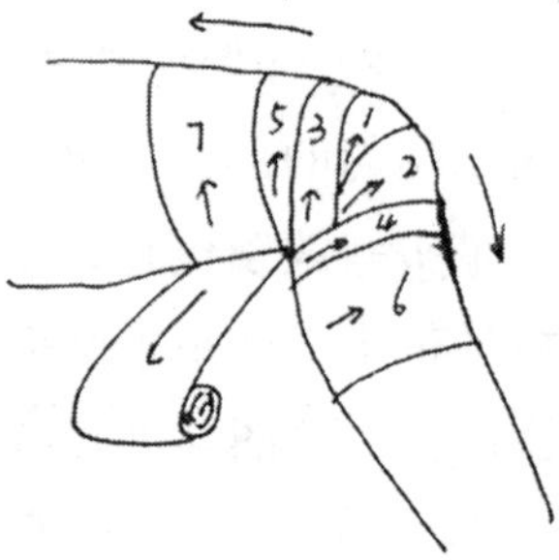

图8–5　“8”字形包扎法

方法2：从关节下方开始，先做环形包扎，然后将绷带白下而上、自上而下来回做“8”字形缠绕并逐渐靠拢关节，最后以环形包扎结束。

2．三角巾包扎法

（1）手部包扎法。将三角巾平铺，患手的手掌向下，指尖对三角巾的顶角，平放在三角巾的中央，底边横放于腕部，然后将三角巾的顶角向上反折，再将两底向手腕背部交叉围绕一圈，在腕背部打结。（图8–6）

图 8-6　手部包扎法

（2）足部包扎法。足部包扎法与手部包扎法基本相同。

（3）头部包扎法。将三角巾的底边置于前额，顶角朝向头后正中，然后将底边从前额绕至头后，在枕后交叉再绕至前额打结，最后把顶角拉紧并向上翻转固定。（图 8-7）

图 8-7　头部包扎法

3．前臂悬挂法

（1）大悬臂带法。大悬臂带法适用于除锁骨和肱骨骨折以外的其他上肢损伤。将三角巾顶角放在伤肢的肘后，一底角置于健侧的肩上，肘关节屈曲，前臂放在三角巾的中央，将下方的底角上折，包住前臂，在颈后与上方底角打结，最后把肘后的顶角折向前面，用橡皮膏或别针固定。

（2）小悬臂带法。小悬臂带法适用于肱骨和锁骨骨折。将三角巾折叠成四横指宽的宽带，其中央置于伤肢前臂的下 1/3 处，两端在颈后打结。（图 8-8）

图 8-8　小悬臂带法

（四）心肺复苏

在某些意外情况下，人体在发生心跳或呼吸突然终止后会造成血液循环的停止。脑细胞对缺氧十分敏感，一般在血液循环停止后 4 ~ 6 分钟大脑即受到严重损害，甚至不能恢复，所以心跳或呼吸骤停时必须争分夺秒地进行心肺复苏。人工呼吸和胸外心脏按压可以使呼吸、血液循环得以恢复，从而挽救生命。

现场心肺复苏主要为徒手操作，在许多场合下这是唯一实用的有效方法。病人心跳、呼吸停止后，全身肌肉松弛，口腔内的舌肌和会厌也松弛后坠从而阻塞呼吸道。让患者头后仰，抬举下颌，可使舌根部向上抬起，使呼吸道通畅，这样就可以用口向病人口内顺利吹气。心跳停止后，全身的血液循环也会随之停止，脑组织和许多重要脏器得不到氧气及血液的供应，很快就会出现坏死。因此，必须在进行口对口人工呼吸的同时进行胸外心脏按压，人为地维持血液循环。

呼吸停止和心跳停止，可以单独发生，也可同时发生。对于心跳停止而呼吸尚未停止的伤员，应立即进行胸外心脏按压并注意维持呼吸道通畅；对于呼吸停止但心跳尚未停止的伤员，应立即进行人工呼吸并注意心脏工作情况；对于呼吸和心跳都停止的伤员，应立即实施心肺复苏。**但特别需要指出的是，心肺复苏技术是一个专业性很强的急救手段，志愿者需要经过培训并获得相应资质后方可实施。**

1．口对口人工呼吸

（1）操作方法。让伤员仰卧，头部置于极度后仰位，打开口腔，有条件可在口腔上覆盖一层纱布。抢救者用一手的拇指与食指捏紧其鼻翼下端，另一手托起伤员下颌，掌根部轻压环状软骨。抢救者深吸一口气，张开嘴巴，双唇包绕封住患者的嘴外缘，用力向伤员口内吹气。每次吹气后，放开鼻孔待伤员呼气，同时自己吸入新鲜空气，准备下一次吹气。（图 8–9）

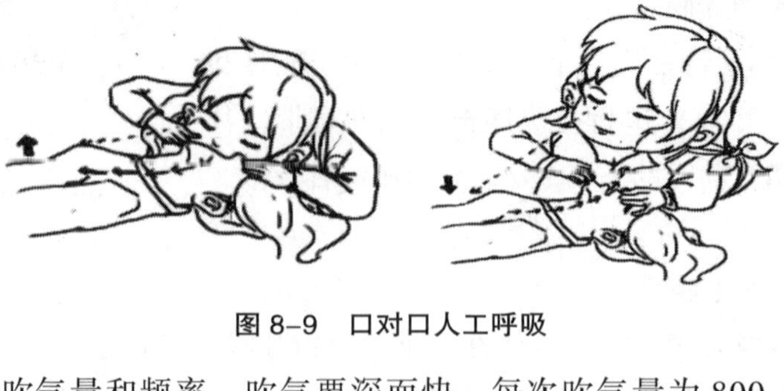

图 8–9　口对口人工呼吸

（2）吹气量和频率。吹气要深而快，每次吹气量为 800 ~ 1200 毫升（成人需要量），或每次吹气时观察到患者胸部上抬即可。开始应连续

2 次吹气，以后每隔 5 秒吹 1 次气，相当于每分钟 12 ~ 16 次。

（3）注意事项。

①施行人工呼吸前，应保持呼吸道通畅。

②吹气时，应注意每次吹气量不要过大，若超过 1200 毫升可造成胃扩张。

③吹气时不要按压胸部，以免肺部受损伤或气体进入胃内。

④当患者牙关紧闭、口腔严重损伤或颈部外伤时应用口对鼻吹气法。

2．胸外心脏按压

进行胸外心脏按压时，伤员应平卧，最好采用头低脚高位，背部垫木板，以增加脑的血流供应。操作方法如下。

图 8-10　胸外心脏按压的定位手位置

（1）定位：抢救者用定位手（靠近患者下肢的手），食指、中指并拢，指尖沿其肋弓处向上滑动，中指端置于肋弓与胸骨剑突交界，即切迹处，食指在其上方与中指并排。另一只手掌根紧贴于定位手食指的上方固定不动，再将定位手放开，用其掌根重叠放于已固定手的手背上，两手手指交叉抬起，离开胸壁。（图 8-10）

（2）姿势：抢救者双臂伸直，肘关节固定不动，双肩在患者胸骨正上方，用腰部的力量垂直向下用力按压。（图 8-11）

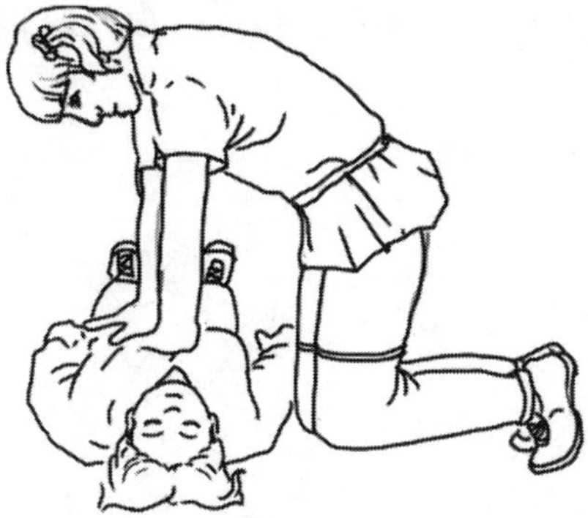

图 8-11　胸外心脏按压的姿势

（3）频率：80 ~ 100 次 / 分钟。

（4）深度：婴儿 1 ~ 2 厘米，儿童 2 ~ 3 厘米，成人 4 ~ 5 厘米。

（5）按压与人工呼吸的比值：单人心肺复苏为 15 ：2，即 15 次按压后给予 2 次人工呼吸；双人心肺复苏为 5 ：1。

3. 心肺复苏术有效的表现

（1）摸到动脉搏动，上肢收缩压在 8 千帕（60 毫米汞柱）以上，口唇、甲床颜色转红润。

（2）呼吸逐渐恢复。

（3）散光的瞳孔开始缩小而趋恢复。

若出现以上表现，应坚持抢救到患者出现自主心跳为止。

4. 注意事项

（1）为开放气道使用仰头举颌法时，注意手指不要压迫病人颈前部、颌下软组织，也不要使颈过伸。

（2）进行口对口人工呼吸时，每次吹气量不要过大，否则易造成胃大量充气。

（3）判断有无脉搏时触摸颈动脉不能用力过大，以免颈动脉受压妨碍头部供血，检查时间不可超过 10 秒。

（4）胸外心脏按压应平稳、有规律地进行，不能间断，也不能忽快忽慢，禁止做猛烈冲压，按压时手指不要压在胸壁上，否则易引起肋骨或肋软骨骨折。

（5）按压时应垂直向下用力（特别是肘关节要伸直），不要左右摆动，双手掌要重叠放置，不可交叉放置，按压后放松时定位的手掌根部不可离开胸骨定位点。

第三节　现场救护处理程序

一、昏迷

昏迷是指患者生命体征存在而意识丧失，并对环境刺激缺乏反应的精神状态。现场急救处理方法如下。

（1）立即将患者置于平卧位，头偏向一侧。

（2）抽去患者的枕头，或在其肩胛骨下放一薄枕。

（3）急救者可用压额举颌法打开患者的呼吸道，使舌根上举，呼吸道通畅，并不断地清除口鼻腔内的黏液、血液和分泌物。

（4）取出患者口袋内的硬币、小刀、钥匙等。

（5）冬天注意保暖，夏天注意防暑降温。

（6）如发现患者心跳、呼吸停止，切勿迟缓，立即做心肺复苏。

二、眩晕

眩晕是患者的主观感觉障碍，自觉外界物体在旋转、摇晃，或感到自身突然倾斜，同时有恶心、呕吐、面色苍白、出冷汗等症状。现场急救处理方法如下。

（1）让患者处于平躺或自觉舒适的体位，保持环境安静，避光，尽量减少其他刺激。

（2）可给患者口服茶苯海明、地西泮、维生素 B6、阿托品等药物。

（3）如发现患者心跳、呼吸停止，切勿迟缓，立即做心肺复苏。

（4）寻找病因，及时治疗。

三、高热

正常人有恒定的体温，一般是 36 ~ 37℃，24 小时内体温的波动不超过 1℃。发热是指病理性的体温升高，是人体对致病因子的一种全身性反应。当体温超过 39℃即为高热，患者可能出现皮肤烫手、干渴、面色潮红、食欲不佳、脉搏加快、精神萎靡等症状，重者出现意识不清、抽搐症状，甚至昏迷。现场急救处理方法如下。

（1）患者取仰卧位，解开衣扣，脱去或松开衣服，同时用扇子扇风，以帮助散热。

（2）可将冰袋置于前额、双侧腋窝、腹股沟等处。

（3）可用酒精进行擦浴，有利于血管扩张而散热。擦浴的部位为颈部、双侧腋窝、腹股沟、腘窝等处。

（4）高热是某些疾病的一种症状，应及时到医院查明原因，在医生的指导下，有针对性地用药。转运患者至医院途中，应保持车内温度在 16℃左右。

（5）患者病情好转后，可让其服用绿豆汤、淡盐水、西瓜汁等。

四、鼻出血

血液从鼻腔流出均称为鼻出血。现场急救处理方法如下。

（1）患者取坐位，上身前倾，使血液从鼻孔流出而不流入咽喉部，如有血液流入咽喉部，应立即吐出。

（2）冰块或冷毛巾敷于患者鼻根部和前额部。

（3）患者或急救者用拇指和食指紧捏两侧鼻翼 5 ~ 10 分钟。

（4）用浸有 1% 麻黄碱，或 0.1% 肾上腺素的棉花塞入出血侧鼻腔 5 ~ 10 分钟。

（5）经以上处理仍无效者，应立即送医院处理。

五、呼吸道异物

呼吸道异物可造成呼吸道部分或完全阻塞。前者又可分为换气良好和换气不良两种类型。换气良好者，常能强力咳嗽，咳嗽间有喘鸣音和嘈杂的空气流动声；换气不良者，咳嗽微弱无力，吸气末带有高调喘鸣音，出现呼吸困难并逐渐加重，口唇和面色发绀或苍白。最严重的是呼吸道完全阻塞，患者突然不能说话、咳嗽或呼吸，不能回答询问，脸色迅速发绀或苍白，呼吸极度困难，可发生缺气性昏迷（肺内残气耗尽）甚至死亡。现场急救处理方法如下。

（一）自救法

1．咳嗽法

异物仅造成不完全性呼吸道阻塞，患者尚能发音、说话，有呼吸和咳嗽时，应鼓励患者自行咳嗽和尽力呼吸，不应干扰患者自己力争排出异物的任何动作。自主咳嗽所产生的气流压力比人工咳嗽高 4 ～ 8 倍，通常用此方法排除呼吸道异物的效果较好。

2．腹部手拳冲击法

患者一手握拳置于自己上腹部，相当于脐上远离剑突处，另一手紧握该拳，用力向内、向上做 4 ～ 6 次快速连续冲击。

3．上腹部倾压椅背法

患者将上腹部迅速倾压于椅背、桌角、铁杆或其他硬物上，然后做迅猛向前倾压的动作，以造成人工咳嗽，排除呼吸道内的异物。

（二）互救法

1．拍背法

对于意识尚清楚的患者，可取立位或坐位，急救者站在患者的侧后位，一手置于患者胸部以围扶患者，另一手掌根在患者肩胛区脊柱上给予 6 ～ 8 次连续急促拍击。拍击时应注意，患者头部要保持在胸部水平或低于胸部水平，充分利用重力将异物驱出体外，拍击时应快而有力。

对于意识欠清或不清的患者，应使其屈膝蜷身，面向急救者侧卧，头低于胸部水平，急救者以膝和大腿抵住患者胸部，然后迅速、用力地拍背

6 ~ 8 次。

2．手拳冲击法

（1）腹部手拳冲击法。腹部手拳冲击法又称海姆立克急救法。手拳冲击腹部时，使腹压升高，横膈抬高，胸腔压力瞬间增高后，迫使肺内空气排出，形成人工咳嗽，使呼吸道内的异物上移或排出。

意识清楚的患者：患者取立位或坐位，急救者站于患者身后，用双臂环抱其腰部。一手握拳以拇指侧抵住其腹部，位于腹中线脐上远离剑突处，另一手紧握该拳，并用力快速向内、向上冲压 6 ~ 8 次，以此造成人工咳嗽，排除异物。注意施力方向，防止胸部和腹内脏器损伤。

意识不清的患者：患者取仰卧位，头后仰，开放气道。急救者以双膝夹住患者两髋部，呈骑跨式，或跪于患者一侧，以双膝抵住患者一侧的髋部，双手手掌重叠置于患者肚脐上方，用掌跟向前、向下突然施压，反复进行。急救者应注意用力方向，切勿偏斜或移动，以免损伤肝、脾等器官。

（2）胸部手拳冲击法。胸部手拳冲击法适宜于十分肥胖的患者或妊娠后期孕妇，急救者的双手无法围扶患者腰部时。

意识清楚的患者：患者取立位或坐位，急救者站于患者背后，双臂经患者腋下环抱其胸部，一手握拳，拇指侧顶住患者胸骨中下部，另一手紧握该拳，向后做 6 ~ 8 次快速连续冲击。注意不要将拳顶住剑突，以免造成骨折或内脏损伤。

意识不清的患者：患者取仰卧位，屈膝，开放气道。急救者跪于患者一侧，相当于患者的肩胛水平，用掌根置于其胸骨中下 1/3 处，向下做 6 ~ 8 次快速连续冲击。每次冲击须缓慢，间歇清楚。

3．手指清除异物法

手指清除异物法一般只适用于异物可见的昏迷患者。急救者先用拇指及其余四指紧握患者的下颌，并向前下方提牵，使舌离开咽喉后壁，以使异物上移或松动。然后急救者的拇指与食指交叉，前者抵于下齿列，后者压在上齿列，两指交叉用力，强使口腔张开。急救者用另一手的食指沿其颊部内侧插入，在咽喉部或舌根处轻轻勾出异物。另一种方法是，用一手的中指及食指伸入患者口腔内，沿颊部插入，在光线充足的条件下，看准异物夹出。手指清除异物法不适用于意识清楚者，因手指刺激咽喉可引起患者恶心、呕吐。勾取异物动作宜轻，切勿动作过猛或粗莽，反将异物推入呼吸道深处。

六、擦伤

皮肤表面受到粗糙物体摩擦导致的表面损伤为擦伤。擦伤的主要特点是皮肤的表层擦破，有血液或组织液渗出。现场急救处理方法如下。

（一）小面积擦伤的急救方法

先用生理盐水（无条件用冷开水）洗净创面，周围用75%的酒精棉球消毒，然后在创面上涂抹红汞或紫药水，待干即可。面部擦伤不可用上述药物，宜用0.1%新洁尔灭溶液，以免留下有色疤痕。

（二）大面积擦伤的急救方法

先用生理盐水（无条件用冷开水）洗净创面，必要时可用消毒的硬毛刷将异物刷净。创面可用双氧水冲洗，周围用75%的酒精棉球消毒，然后用凡士林纱布覆盖创面或用消炎软膏涂抹，再用无菌敷料覆盖并包扎。

（三）关节部位擦伤的急救方法

不宜采用暴露疗法，以免创面干裂而影响关节活动，而且关节运动也会引起创面的破裂，以致出现新的创面。因此，关节附近的擦伤经过消毒处理后，宜采用消毒软膏或抗生素软膏涂抹，并用无菌敷料包扎。

七、踝关节扭伤

踝关节扭伤发生率在关节韧带损伤中居首位，尤以外侧副韧带的损伤多见。在现场急救时，立即用拇指压迫痛点止血，同时做强迫内翻试验和踝抽屉试验，检查韧带是否完全断裂。现场急救处理方法如下。

（1）受伤后立即冷敷，加压包扎固定。若踝关节外侧副韧带损伤，将踝关节固定在轻度外翻位，使受伤的韧带保持松弛，有利于裂端与骨膜的融合，为损伤的愈合创造有利的条件。

（2）抬高伤肢，此法有利于血液和淋巴液的流动，促使肿胀消除。

（3）24小时后，可采用理疗、针灸、按摩、痛点注射、支持带固定等综合疗法。

（4）韧带完全断裂者，经急救固定后送医院进一步治疗。

（5）出现合并关节骨折或关节不稳等后遗症时，可考虑手术治疗。

八、脑震荡

头部受到钝物的打击，或运动中从高处下跌时头部撞地可能引发脑震荡，伤后出现短暂性昏迷、近事遗忘，以及头痛、恶心和呕吐等症状。现场急救处理方法如下。

（1）患者平卧，安静休息，保暖，头部冷敷。

（2）如遇伤者昏迷，可采用指掐人中、内关，闻氨水等方法使患者苏醒。如伤者呼吸停止，应施行人工呼吸，尽快送医院。

（3）若伤者昏迷时间超过 5 分钟，瞳孔不等大，耳鼻腔出血，眼球表紫或神志清醒后再昏迷，说明伤情严重，应立即送医院抢救。

（4）转运时，固定好患者，防止颠簸晃动。可将患者头转向一侧，避免呕吐物或舌后坠造成窒息。患者在恢复意识后，要注意脑力休息，保持安静的环境与充足的睡眠，不要过早进行体育锻炼或脑力劳动，以免留下后遗症。

（5）患者应休息至症状消失，应用闭目举臂单腿站立平衡试验来判断能否参加体育运动。

思考与讨论

1. 突发事件具有哪些特征？
2. 志愿者在处理突发事件时要注意哪些问题？
3. 如何判断危重患者？
4. 急救的目的是什么？
5. 踝关节扭伤后应如何进行现场急救？

参 考 文 献

[1] 吴雪萍 . 适应体育概论 [M]. 北京 : 高等教育出版社 , 2015.

[2] 桑国强 . 专业化视域下我国特殊体育教育教师研究 [D]. 福州 : 福建师范大学 , 2016: 170–175.

[3] 吴燕丹 , 杨家辉 . 智力障碍适应体育理论与实务 [M]. 北京 : 科学出版社 , 2015.

[4] 李东庭 . 全国残疾人社会体育指导员培训讲课资料 (内部资料).

[5] 吴燕丹 , 王聪颖 , 张韬磊. 赋权增能 : 残疾人体育健身指导员培养管理的优化路径 [J] . 体育科学 , 2016, 36(5): 91–97.

[6] 桂永锋 , 杜若飞 , 李欣 , 等 . 残疾人参与体育活动状况及其影响因素研究 [J]. 中国康复理论与实践 , 2018, 24(11): 1241–1245.

[7] 中国志愿服务联合会 . 中国志愿服务发展报告 2017 版 [M]. 北京 : 社会科学文献出版社 , 2017.

[8] 闫挺 . 我国残疾人运动员心理健康结构与特点 [D]. 北京 : 北京体育大学 , 2007.

[9] 刘春玲 , 马红英 . 智力障碍儿童的发展与教育 [M]. 北京 : 北京大学出版社 , 2016: 3.

[10] 林秋 , 鄢行辉 . 我国残疾人体育权利保障路径研究 [J]. 哈尔滨体育学院学报 , 2017(4): 55.

[11] 阙月清 . 适应体育概论 [M]. 台中 : 华格那企业有限公司 , 2015: 8–19.

[12] 高桂足 , 林镇坤 , 等 . 发展性适应体育 [M]. 台北 : 五南图书出版公司 , 2015: 256–257.

［13］中国残疾人体育协会 . 最新残疾人体育项目竞技训练规范与运动员损伤急救实用手册 [M]. 北京：人民体育出版社 , 2008: 55–70.

［14］邓猛 . 视觉障碍儿童的发展与教育 [M]. 北京：北京大学出版社 , 2016: 4.

［15］张宁生 . 听力残疾儿童心理与教育 [M]. 大连：辽宁师范大学出版社 , 2002: 12.

［16］周念丽 . 自闭症谱系障碍儿童的发展与教育 [M]. 北京：北京大学出版社 , 2016: 5.

［17］吴雪萍 . 适应体育概论 [M]. 北京：高等教育出版社 , 2014: 181.

［18］雷江华 , 方俊明 . 特殊教育学（第二版）[M]. 北京：北京大学出版社 , 2016: 57.

［19］林镇坤，高桂足，等 . 适应体育概论 [M]. 台北：华格那企业有限公司 , 2015.

［20］唐久来 . 中国残疾儿童康复事业发展六十年 [M]. 合肥：安徽科学技术出版社 , 2009.

［21］沈剑威 . 体适能基础理论 [M]. 北京：人民体育出版社 , 2008.

［22］荣湘江 . 体育康复学 [M]. 北京：人民体育出版社 , 2008.

［23］雷江华 . 学前特殊儿童教育 [M]. 武汉：华中师范大学出版社 , 2008.

［24］张清华 . 小儿运动障碍的理学疗法 [M]. 北京：中国中医药出版社 , 2008.

［25］徐春 . 人的发展论 [M]. 北京：中国人民公安大学出版社 , 2007.

［26］张洁 . 高校志愿服务伦理意蕴研究 [J]. 法制与社会 , 2019(7): 130–132.

［27］耿永志 . 治理模式演进视角下的“服务型”社会治理伦理关系研究 [J]. 江汉论坛 , 2019(1): 72–77.

［28］王培峰 , 朱传耿 . 中国特殊教育政策演进：阶段特征、政策伦理、任务与挑战 [J]. 现代特殊教育 , 2017(6): 3–10.

［29］谢纳新 , 吴燕丹 . 志愿福建 [M]. 北京：北京出版社 , 2012.

［30］张燕 . 城市公共空间无障碍环境建设对策研究 [D]. 武汉：华中

科技大学 , 2008.

［31］祝长康 . 全面推进我国的无障碍环境建设 [J]. 标准生活 , 2018(10): 22–27.

［32］吕世明 . 我国无障碍环境建设现状及发展思考 [J]. 残疾人研究 , 2013(2): 3–8.

［33］蕴绩 . 论残疾人无障碍环境建设现状与对策 [J]. 江苏科技信息 , 2008(9)：34–35.

［34］郭静 . 助残志愿者志愿行为研究 [D]. 上海：华东师范大学 , 2011.

［35］徐敏 . 残疾人体育志愿者心理耗竭成因和对策 [D]. 福州：福建师范大学 , 2015.

［36］尚秀花 , 唐云翔 , 孟全来 . 奥运会志愿者的常见心理问题及对策 [J]. 解放军医院管理杂志 , 2011(3): 295–296.

［37］尹奎 , 孙健敏 , 邢璐 . 研究生科研角色认同对科研创造力的影响 : 导师包容性领导、师门差错管理氛围的作用 [J]. 心理发展与教育 , 2016, 32(5): 557–564.

［38］贾晓波 . 心理适应的本质与机制 [J]. 天津师范大学学报（社会科学版）, 2001(1): 19–23.

［39］荀铁文 , 高超 , 梁存和 . 部分学生志愿者参与奥运会服务前后的心理变化分析 [J]. 中国学校卫生 , 2009(8): 705–706.

［40］毕学翠 . 残疾人体育赛事志愿者面临的压力与应对措施 [J]. 运动 , 2017(8): 137；131.

［41］姒刚彦 , 张鸽子 , 苏宁 , 等 . 运动员正念训练手册 [M]. 北京：北京体育大学出版社 , 2014.

［42］李虹 , 梅锦荣 . 大学生压力量表的编制 [J]. 应用心理学 , 2002, 8(1): 27–32.

［43］殷恒婵 , 卢敏 , 苑文燕 , 等 . 大学生压力测量工具的研制与检验 [J]. 体育科学 , 2007, 27(6): 45–48.

［44］马义哈 , 孙健 , 袁红艳 , 等 . 高校公益志愿社团组织助残培育及现状 [J]. 天津中德应用技术大学学报 , 2018(2): 47–49.

[45] 江晓敏 . 构建融合教育新模式下的高校残障学生体育社团 [J]. 宁德师范学院学报 (哲学社会科学版), 2016(1): 100–104.

[46] 张冰 , 梁致远 , 田元元 , 等 . 基于 Web 的高校社团管理系统的设计与实现 [J]. 信息与电脑 (理论版), 2019(7): 109–112.

[47] 宋娟 . 共青团改革背景下高校学生社团管理路径探析 [J]. 智库时代 , 2019(19): 110–111.

[48] 李莉 . 社会服务视阈下高校科技类社团发展模式研究 [J]. 产业与科技论坛 , 2019, 18(08): 228–229.

[49] 鲍静萍，张汉强 . 公共图书馆志愿者服务团队制度建设的思考：以湖北省图书馆志愿者团队为例 [J]. 图书情报工作 , 2014(s1): 225–228.

[50] 汤佳 , 沈杏华 , 郭迎 . 志愿者档案管理信息化初探 [J]. 江苏卫生事业管理 , 2012, 23(6): 215.

[51] 邓冬梅 . 关于加强团队执行力的几点思考 [J]. 软科学 , 2010, 24(12): 147–148.

[52] 贾永朝 . 高校开展残疾人体育志愿服务培训的理论与实证研究 [D]. 福州 : 福建师范大学 , 2010.

[53] 马慧萍 . 高校教学团队制度建设研究 [J]. 河南教育学院学报 (哲学社会科学版), 2014, 33(2): 70–73.

[54] 张倩 , 周迎春 . 橄榄球运动中团队凝聚力影响因素的测量与评价 [J]. 体育研究与教育 , 2019, 34(3): 79–84.

[55] 邱奉捷 . 图书馆志愿者管理探讨 [J]. 图书馆学研究 , 2009(8): 10–12.

[56] 乔春洋 . 品牌论 [M]. 广州 : 中山大学出版社 , 2005.

[57] 大卫・奥格威 . 一个广告人的自白 [M]. 林桦 , 译 . 北京 : 中国物价出版社 , 2003.

[58] 北京志愿者协会 . 志愿组织建设与管理 [M]. 北京 : 中国国际广播出版社 , 2006.

[59] 王宇 . 社会主义核心价值观的社区培育研究 [D]. 长春：东北师范大学 , 2019.

[60] 杨清轩 , 王毅 . “健康中国”视阈下学校终身体育改革与发展研

究 [J]. 西安体育学院学报 , 2019, 36(1): 117–120.

［61］杨敏 , 钟俊平 . 共享发展理念视野下的新时代社区文化建设 [J]. 理论月刊 , 2019(4): 132–138.

［62］刘洋 , 陶玉流 , 徐建华 . 融合体育教育："残健融合"的当代残疾人体育教育发展理念 [J]. 山东体育学院学报 , 2012, 28(2): 96–102.

［63］朱京凤 , 张桂华 . 中华优秀传统文化视角下高校校园文化建设研究 [J]. 学校党建与思想教育 , 2019(16): 49–51.

［64］王健 , 曹烃 . 融合共享 : 运动弱势学生体育教育改革的时代诉求 [J]. 体育科学 , 2014, 34(3): 39–46.

［65］杨国华 . 论"因材施教"与"教学相长"[J]. 中国大学教学 , 2015(9): 12–13.

［66］王守恒 , 叶庆晖 . 体育赛事管理 [M]. 北京 : 高等教育出版社 , 2007：23.

［67］黄世昌 . 残疾学生融合体育教育权法律保障比较研究 [J]. 西安体育学院学报 , 2018, 35(1): 36–42.

［68］陈曙 , 罗永华 , 黄依柱 . 论全纳教育视野下的融合体育教学 [J]. 北京体育大学学报 , 2012, 35(7): 96–101.

［69］刘清早 . 体育赛事运作管理实务 [M]. 北京 : 人民体育出版社 , 2012: 134.

［70］邓猛 . 融合教育与随班就读 : 理想与现实之间 [M]. 武汉：华中师范大学出版社 , 2009: 39.

［71］陈咸 , 陈庚 . 大学生运动损伤现状及健康教育干预效果研究 [J]. 基层医学论坛 , 2019, 23(19): 2671–2675.

［72］肖浦 . 关于大学生运动损伤的研究分析 [J]. 智库时代 , 2019(27): 229；231.

［73］侯璐 . 踝关节的损伤与预防 [J]. 体育科技文献通报 , 2019, 27(7): 163–164.